Punto y aparte

Cómo cerrar ciclos, sanar tu pasado y escribir la vida que realmente mereces

Miriam Ayala

Prólogo por
Dr. César Vargas

Este libro ha sido publicado por Veritas Invictus Publishing.

ISBN: 978-1-939180-10-0
Primera edición: 2026
Impreso en los Estados Unidos de América
Diseño Editorial y de Portada: Dr. César Vargas

Exención de responsabilidad

La información contenida en este libro tiene fines exclusivamente educativos, informativos y de desarrollo personal. La autora y la editorial no garantizan resultados específicos derivados del uso de esta información.

El contenido de este libro no constituye, ni pretende constituir, asesoría profesional de ningún tipo, incluyendo, pero no limitado a: asesoría médica o de salud, asesoría psicológica o de salud mental, asesoría psiquiátrica, asesoría legal, asesoría financiera, hipotecaria o de inversión, asesoría profesional o empresarial.

Aunque la autora es Coach de Vida, Coach del Éxito certificada, Corredora de Bienes Raíces y Prestamista Hipotecaria, la información contenida en este libro no sustituye la asesoría personalizada de profesionales debidamente licenciados en cada área.

Antes de tomar cualquier decisión o acción basada en el contenido de este libro, se recomienda encarecidamente consultar con un profesional calificado y con licencia en el área correspondiente.

Responsabilidad personal

El lector reconoce que el uso de la información contenida en este libro es completamente voluntario y bajo su propia responsabilidad.

La autora y la editorial no serán responsables por: decisiones tomadas por el lector, resultados obtenidos o no obtenidos, pérdidas financieras, daños emocionales o psicológicos, consecuencias legales, o cualquier otro tipo de resultado directo o indirecto derivado de la aplicación de la información presentada

Cada persona es responsable de sus propias decisiones, acciones y resultados.

Salud física y mental

Algunas ideas presentadas en este libro pueden involucrar cambios en hábitos, mentalidad o estilo de vida. El lector debe ejercer su propio criterio y responsabilidad al implementar cualquier sugerencia.

Si el lector se encuentra bajo tratamiento médico, psicológico o psiquiátrico, debe consultar con su profesional de salud antes de realizar cambios significativos en su estilo de vida, pensamiento o comportamiento.

Este libro no está diseñado para diagnosticar, tratar, curar o prevenir ninguna condición médica o de salud mental.

Finanzas y bienes raíces

Cualquier referencia a ingresos, crecimiento financiero, bienes raíces o decisiones económicas es de carácter general y educativo.

Los resultados financieros varían según múltiples factores, incluyendo experiencia, mercado, condiciones económicas y decisiones individuales.

La autora y la editorial no garantizan resultados financieros específicos.

Se recomienda consultar con asesores financieros, contadores, agentes inmobiliarios o profesionales hipotecarios licenciados antes de tomar decisiones financieras o de inversión.

Testimonios y experiencias

Las historias y experiencias compartidas en este libro son personales y no constituyen garantía de resultados similares.

Cada persona tiene circunstancias, capacidades y contextos diferentes.

Derechos de marca y contenido

Todos los nombres, conceptos y sistemas mencionados en este libro, incluyendo "El Método Soberanía Personal", forman parte del contenido intelectual de la autora, salvo indicación contraria.

English Disclaimer

This book is published by Veritas Invictus Publishing.

The content of this book is provided for educational and informational purposes only and does not constitute professional advice of any kind, including but not limited to medical, psychological, legal, financial, or business advice.

Although the author is a certified Life Coach, Success Coach, Real Estate Broker, and Mortgage Loan Originator, this book is not a substitute for professional guidance. Readers are strongly encouraged to consult with qualified and licensed professionals before making any decisions or taking action based on the content of this book.

The author and publisher make no guarantees regarding results and are not responsible for any outcomes, including financial, personal, or health-related consequences resulting from the use of this information.

By reading this book, you acknowledge full responsibility for your actions and decisions.

DEDICATORIA

A ti…

sí, a ti que has buscado respuestas allá afuera, en voces ajenas, en caminos que no siempre te han llevado a donde tu alma susurra.

Detente un momento. Respira.

Y mientras lees estas palabras, permite que algo dentro de ti recuerde…

que aquello que has estado buscando, siempre ha vivido en tu interior.

Este libro no llega a enseñarte quién eres,

sino a recordarte la grandeza que ya habita en ti.

A invitarte, suavemente, a volver a casa… a ti.

Porque, aunque la vida no vino con un manual,

sí te fue entregada una sabiduría silenciosa, profunda,

que se revela cuando te conectas con tu esencia, con tu espíritu… con esa fuente infinita que te sostiene.

Hoy es un buen día para soltar el peso del pasado,

para regresar al ahora,

para mirarte sin juicio y descubrir, quizá por primera vez,

la inmensidad de tu propio ser.

Date permiso…

de conocerte más, de sentir más, de ser más.

Y sobre todo, de creer —aunque sea por un instante—

que el cambio que anhelas es posible para ti.

Y recuerda…

aunque a veces pienses que no, estás dejando huellas en este mundo.

En cada palabra, en cada decisión, en cada silencio.

Pero, sobre todo, estás dejando huellas en quienes te aman y te estiman.

Hay ojos que te observan, corazones que aprenden de ti,

personas que, aun sin que lo sepas, siguen tus pasos.

Que esas huellas nazcan desde tu verdad,

desde tu crecimiento,

desde el amor que decides cultivar dentro de ti.

Dedico este libro a cada mujer y cada hombre,

a madres, hijas, abuelas y caballeros,

a todo aquel que esté listo para dejar atrás las excusas

y elegir, conscientemente, crecer y descubrirse día a día.

Y mientras avanzas, deja que estas palabras siembren algo en ti:

una nueva forma de verte, de hablarte, de habitar tu vida.

Gracias por existir.

Gracias por ser.

Gracias por estar.

Eres único.

Eres especial.

Y, aunque quizá lo estés olvidando…

eres, verdaderamente, extraordinario.

PREFACIO

Hay libros que informan.
Hay libros que inspiran.
Y hay libros que llegan en el momento exacto en el que más los necesitas.

Este es uno de ellos.

Durante mucho tiempo, yo también busqué respuestas allá afuera. Busqué aprobación, dirección, validación… esperando que alguien más me dijera quién era, qué hacer o hacia dónde ir. Y, sin darme cuenta, me fui alejando de lo más importante: mi propia voz.

Este libro nace como un regreso.

Un regreso a mí.
Y ahora, también, un regreso para ti.

Lo que tienes en tus manos no es sólo un libro. Es parte de mi historia. De mis decisiones, de mis errores, de mis aprendizajes. De momentos en los que dudé de mí, de momentos en los que quise rendirme, y de momentos en los que decidí cambiar.

No escribo desde la perfección.
Escribo desde la verdad.

Cada capítulo que leerás es el reflejo de un proceso real. Un proceso de confrontarme, de cuestionarme, de romper patrones y de asumir responsabilidad por mi vida.

Porque entendí algo que cambió todo:

Nada cambia hasta que tú cambias.

A lo largo de estas páginas, quiero invitarte a hacer algo que, por mucho tiempo, yo misma evité: mirarte hacia adentro.

Reconocer lo que ya no te funciona.
Cuestionar las historias que te has contado por años.
Y, sobre todo, tomar una decisión.

Porque al final, todo se reduce a eso.

A decidir.

Decidir dejar de vivir desde el miedo.
Decidir soltar el pasado.
Decidir asumir tu poder.
Decidir convertirte en la causa de tu vida y no en el efecto de las circunstancias.

Uno de los conceptos más importantes que encontrarás en este libro es ese cambio: pasar del victimismo al reinado. No como una etiqueta, sino como una forma de vivir.

Vivir en el reinado no significa ser perfecto o perfecta.
Significa ser responsable.

Significa dejar de esperar.
Significa dejar de justificar.
Significa dejar de reaccionar y empezar a crear.

Este libro no pretende cambiar tu vida de la noche a la mañana.

Pero sí puede ser el inicio de algo mucho más profundo:
una nueva forma de verte, de hablarte y de vivir.

Si este libro llegó a ti, no es casualidad.

Tal vez hay algo dentro de ti que ya sabe que es momento de cambiar.
Tal vez estás cansado de repetir los mismos patrones.
Tal vez sabes que hay más para ti, pero aún no sabes cómo alcanzarlo.

No tengo todas las respuestas.

Pero sí tengo algo que quiero compartir contigo:
mi proceso, mi verdad… y las herramientas que me ayudaron a transformar mi vida.

Lee con apertura.
Lee con honestidad.
Lee con intención.

Pero, sobre todo, lee con la disposición de aplicar.

Porque el verdadero poder de este libro no está en lo que yo escribí…
está en lo que tú decidas hacer con ello.

Gracias por estar aquí.

ÍNDICE

AGRADECIMIENTOS

Gracias, Dios por reinar en mi vida. Agradezco a mi esposo, César, por confiar en mí y por ser el autor principal en mi cambio de vida radical con sus talleres de vida, su apoyo como entrenador de vida los cuales han enriquecido mi vida en todos los sentidos y la persona que me ha dado uno de los regalos más grandes de mi vida, nuestra hija y mi cambio de vida radical.

Doy gracias a mi hijita, Sofía, por ser mi compañerita de vida, y la cual trajo ternura de vuelta a mi vida y una gran alegría a mis días. Gracias a mi hija, Melanie Stephanie, por creer en ella misma y por ser cada día una mejor versión de ella misma en todos los aspectos de su vida, una gran mamá y una gran esposa, empresaria y hermosa persona, y una gran inspiración para mí, para su familia y para los demás. Sigue así Mel, lo tienes todo para triunfar y ser lo que quieras ser. A Ally por ser un hermoso regalo, un gran ejemplo a seguir y un ser que trae alegría a nuestras vidas; doy gracias por su cariño y por ser un gran ejemplo de amor infinito para todos.

Gracias a mis queridas amigas: Elsita por ser mi segunda mamá, por los momentos tan hermosos e inolvidables que hemos compartido juntas, también por ser mi maestra espiritual; a mis amigas Carmen y Fabiola, por escucharme, compartir momentos de alegría y risas a más no poder, abrazos y mucho positivismo en la vida, por estar presentes, por confiar en mí y enseñarme el amor incondicional, ofrecerme su comprensión y brindarme una amistad sincera, y por ayudarme y darme fuerzas para seguir adelante.

Agradezco profundamente a quienes han sido luz en mi camino: A Robert Ibarra, Azaris y a Elita, por su guía en el camino espiritual, por su sabiduría y, sobre todo, por la calidad humana tan genuina que los distingue, al igual que a mis guías espirituales que ya han ascendido: Maritza e Ysamur Flores. Su presencia ha sido un regalo que ha tocado mi vida de una manera profunda y significativa.

A Tim Gallegos, por sus palabras de aliento, sus consejos de vida y por recordarme, una y otra vez, que el verdadero regalo en la vida también está en lo que damos a los demás: en servir, en aportar valor y en impactar positivamente la vida de otras personas.

A Glenn Morshower, gracias por haber impactado mi vida mucho más allá de la actuación. Tus enseñanzas sobre autenticidad, presencia y conexión humana fueron parte importante de mi transformación personal. Una de las cosas más valiosas que me llevé de ti fue esa sensación de "*Only Love*": vivir desde el corazón, sin miedo y con autenticidad. Gracias por inspirarme a expandir mi mente, creer en mí y conectar más profundamente conmigo misma y con los demás.

Gracias a mis entrenadores que han impactado grandemente en mi vida, mis Coaches de negocio, Veronica Buchelli, Ron Cronin, Mike Ferry y ayudarme a llevar mi negocio y mi vida a otro nivel, y a Tony Lam por motivarme a terminar mi libro. Y a Paula por ser mi coach de Transform Destiny.

Gracias a todas las personas que no menciono, pero han estado en mi vida por muchos años y que han sido un gran apoyo y que considero mi familia.

Doy gracias a mi madre que ya no está en mi vida. Gracias por enseñarme con acciones lo que es ser positivo en la vida y tomar cada día con alegría, felicidad y fe. Por haber estado ahí para escucharme y llenarme de buena energía y haberme amado tanto, aunque ya no está conmigo en este plano, la llevo en mi corazón y en mis pensamientos al igual que mi papá y mis hermanos que ya han partido.

Gracias a mis hermanos y hermanas por ser grandes maestros de vida, por aceptarme, considerarme y quererme. Aunque estén tan lejos, siento su amor cerca de mí. A mis sobrinas y sobrinos por su cariño y respeto, y por llevarme en su mente y corazón. Gracias por momentos compartidos y la alegría que traen a mi vida.

PRÓLOGO

Hay personas que llegan a nuestra vida como una coincidencia; hay otras que llegan como una revelación.

Cuando conocí a Miriam, vi en ella una mujer alegre, inteligente y llena de vida. Había una luz evidente en su sonrisa y una energía especial en su manera de mirar el mundo. Pero también percibí algo más profundo: un potencial esperando despertar por completo.

La invité a uno de mis talleres sin imaginar que aquel momento marcaría el inicio de una travesía de transformación que cambiaría su vida desde adentro. Desde el primer instante estuvo dispuesta no sólo a aprender, sino también a servir, apoyar y entregarse al proceso con valentía y aplomo. Y eso es algo que pocas personas hacen verdaderamente. Mucha gente desea cambiar; pero no todos están dispuestos a mirarse al espejo del alma y tomar los pasos necesarios.

Como formador de Programación Neuro-Lingüística, he trabajado con muchas personas a lo largo de los años. He visto individuos resistirse a sus emociones, huir de sus heridas o quedarse atrapados en historias del pasado. Pero en Miriam había algo distinto: una disposición genuina para transformarse.

Ella estaba lista.

Lista para cuestionar viejas creencias. Lista para explorar el origen profundo de ciertos patrones emocionales. Lista para confrontar miedos invisibles. Lista para evolucionar.

Y eso hizo toda la diferencia.

A través de distintos procesos de crecimiento personal, incluyendo experiencias profundas de regresión y trabajo interior, Miriam comenzó a descubrir piezas de sí misma que habían permanecido ocultas durante años. Lo más admirable no era solamente lo que descubría, sino la rapidez con la que decidía aplicar esos aprendizajes a su vida cotidiana.

Poco a poco comenzó a surgir una nueva versión de ella. Más segura. Más consciente. Más fuerte. Más auténtica.

He visto cómo una mujer puede transformarse cuando deja de vivir desde el miedo y comienza a vivir desde la consciencia.

Y eso es precisamente lo que encontrarás en estas páginas.

Este libro no nace desde la teoría. Nace desde la experiencia vivida. Desde lágrimas reales, reflexiones profundas, decisiones difíciles y momentos de clara revelación que fueron moldeando una nueva identidad.

Pero hay algo más que me conmueve profundamente de esta obra.

Miriam no escribió este libro sólo para hablar de sí misma. Lo escribió porque desea compartir con otros las herramientas, reflexiones y aprendizajes que la ayudaron a reconstruirse interiormente. Desea que otras personas descubran que sí es posible cerrar ciclos, sanar heridas y comenzar de nuevo.

Y creo que este mensaje tiene un valor todavía mayor cuando llega a las parejas.

Vivimos en una época donde muchas relaciones fracasan porque uno crece, mientras el otro se queda atrás. Y con el tiempo, esa distancia interior termina convirtiéndose en distancia emocional.

Pero una pareja no está diseñada para avanzar de manera separada.

La palabra misma lo revela: PAREJA.

Avanzar de forma pareja. El Diccionario de la Real Academia define 'parejo' como: *igual* o *semejante*, con los sinónimos *equivalente*, *similar*.

No puedes preguntarle a un ave cuál de sus dos alas es la más importante. La pregunta carece de sentido. Ambas son esenciales para elevarse.

Así ocurre también en el amor, en la familia y en la vida.

Cuando dos personas deciden crecer juntas, sanar juntas y evolucionar juntas, descubren una fuerza capaz de transformar no sólo su relación, sino también el mundo que construyen alrededor de ella.

Tal vez este libro llegó a tus manos por curiosidad.

Tal vez por necesidad.

Tal vez porque estás atravesando un momento de cambio que todavía no logras comprender completamente.

Pero creo profundamente que algunos libros aparecen exactamente cuando el alma está lista para recibirlos.

Y tengo la certeza de que, si permites que estas páginas hablen a tu corazón, encontrarás en ellas no sólo inspiración, sino también un espejo.

Uno que quizá te recuerde quién eres realmente.

Y quién todavía puedes llegar a ser.

Dr. César Vargas
Doctor en Hipnoterapia Clínica
Formador y Practicante Maestro de Programación Neuro-Lingüística

INTRODUCCIÓN

Un mensaje para ti…

Este libro no llegó a tus manos por casualidad.

Llegó porque estás listo. Porque dentro de ti ya existe una voz que te está pidiendo un cambio, una evolución, un nuevo comienzo. Tal vez has sentido incomodidad, dudas, cansancio, o simplemente ese deseo profundo de algo más. Y déjame decirte algo: ese "algo más" no está fuera de ti, está dentro, esperando ser descubierto.

Este libro está inspirado en mis propias experiencias, en mis caídas, en mis renacimientos y en el conocimiento que he adquirido a lo largo de mi caminar. No te hablo desde la perfección, te hablo desde la verdad. Desde las veces que dudé de mí, desde los momentos en los que me sentí perdida, y también desde las veces que decidí levantarme, reconstruirme y volver a creer.

Agradezco a Dios por cada lección, especialmente por aquellas que dolieron, porque fueron las que más me transformaron. Ellas me rompieron, pero también me reconstruyeron. Me enseñaron que tocar fondo no es el final, es el inicio de una nueva versión de ti. Una versión más fuerte, más consciente, más alineada con quien realmente eres.

Y eso es lo que deseo para ti: transformación.

Una transformación real, profunda, que no sólo cambie lo que haces, sino quién eres. Que te permita verte con otros ojos, hablarte con amor y caminar con propósito.

No quiero que sólo leas estas páginas.

Quiero que despiertes.

Que te cuestiones.

Que te observes.

Que te permitas sentir.

Cada día tienes la oportunidad de comenzar de nuevo. No importa lo que haya pasado ayer. No importa cuántos errores hayas cometido. Hoy es un nuevo capítulo. Hoy puedes decidir quién quieres ser. Hoy puedes escribir una historia diferente.

Pero la transformación exige valentía.

Exige que mires hacia adentro, incluso cuando no sea cómodo.

Exige que sueltes lo que pesa y has venido arrastrando por años.

Exige que enfrentes las emociones que has evitado, que dejes de huir y empieces a sanar.

Es momento de liberarte de las emociones negativas, de las heridas no sanadas, de las creencias que te limitaron y que, sin darte cuenta, han dirigido tu vida. Es momento de cuestionar esas historias que te has contado sobre quién eres y hasta dónde puedes llegar.

Es momento de soltar personas, situaciones o hábitos que ya no construyen tu futuro. Dejar ir no es perder, es hacer espacio. Espacio para nuevas oportunidades, nuevas versiones de ti, nuevas formas de vivir.

Lo que no suma, resta.

Y tú no naciste para vivir restando.

Naciste para expandirte, para crecer, para vivir con plenitud, para crear una vida que se sienta tan bien por dentro como se ve por fuera.

Este es tu momento.

Este es tu "punto y aparte".

Pregúntate con absoluta honestidad. No para juzgarte, sino para descubrirte. No para castigarte, sino para liberarte. Respira profundo, y escucha lo que hay dentro de ti:

¿Estoy listo para dejar de ser la víctima de mi historia y convertirme en el autor de mi destino?

¿Estoy dispuesto a sanar lo que me duele en lugar de seguir huyendo?

¿Estoy preparado para perdonar, incluso cuando mi ego se resiste?

¿Estoy dispuesto a amarme profundamente, sin condiciones, sin excusas, sin esperar validación externa?

¿Estoy listo para renacer?

Estas no son preguntas ligeras. Son puertas. Y cada respuesta honesta te acerca más a tu verdad.

La transformación comienza en el momento en que decides no seguir siendo la misma persona. En el momento en que dices "basta" a los patrones que te limitan y "sí" a la vida que realmente mereces. Ese momento no depende de nadie más; depende de ti.

Confía en tu intuición. Esa voz interna que a veces ignoras, que a veces dudas, es tu guía espiritual. Es sabia, es paciente, y siempre te está mostrando el camino, aunque no siempre sea el más cómodo. Cuando aprendes a escucharla y a honrarla, todo comienza a alinearse de una manera casi mágica: la claridad llega, la paz llega, las respuestas llegan, y las oportunidades también.

Visualiza la mejor versión de ti. No una versión perfecta, porque la perfección no es el objetivo. Visualiza una versión consciente, fuerte, amorosa y valiente. Una versión que se conoce, que se respeta y que se elige todos los días.

Imagina cómo tus palabras inspiran a otros.

Cómo tu ejemplo eleva.

Cómo tu energía transforma espacios y toca vidas, incluso sin que te des cuenta.

Dentro de ti hay un poder extraordinario. Un poder que no depende de tus circunstancias, ni de tu pasado, ni de lo que otros piensen de ti. Pero ese poder sólo se activa cuando decides asumir responsabilidad total por tu vida. Cuando dejas de señalar afuera y empiezas a trabajar adentro.

Este es tu momento.

No mañana. No cuando "todo esté perfecto". Es ahora.

Aprovecha tu tiempo. Aprovecha tus talentos. Aprovecha tus recursos. Y, sobre todo, aprovecha tu historia; incluso las partes dolorosas, porque fueron esas las que te moldearon, las que te hicieron más fuerte, más resiliente, más humano.

Permítete sanar profundamente. No superficialmente, no a medias. Porque cuando sanas tu mente, sanas tus emociones. Cuando sanas tus emociones, tu cuerpo responde. Y cuando logras ese equilibrio interno, tu vida comienza a florecer en todas las áreas: personal, profesional, espiritual.

Y si hoy no te sientes apoyado, entonces crea un nuevo entorno. No te conformes con espacios que no nutren tu crecimiento. Rodéate de personas que honren tu proceso, que celebren tu evolución y que te impulsen a ser mejor.

Pero nunca olvides esto:

El primer respeto debe venir de ti.

El primer amor debe venir de ti.

El primer compromiso debe venir de ti.

Porque cuando tú cambias, todo cambia.

No esperes a que el mundo cambie para tú cambiar.

El cambio no comienza afuera, comienza dentro de ti. En tus pensamientos, en tus decisiones, en la manera en la que eliges verte y hablarte cada día. Cuando tú cambias, todo a tu alrededor comienza a transformarse. Tal vez no de inmediato, tal vez no como lo esperabas, pero el cambio llega, porque tu energía cambia, tu enfoque cambia, tu vida cambia.

Cambia tú, y el mundo responderá.

Responderá a tu nueva actitud, a tu nueva consciencia, a la forma en la que te posicionas ante la vida. Lo que antes parecía imposible comienza a abrirse. Lo que antes te detenía pierde fuerza. Y lo que antes no veías, empieza a aparecer.

Eres más fuerte de lo que crees.

Has sobrevivido a momentos que pensaste que no podrías superar. Has cargado más de lo que imaginabas y aun así sigues aquí. Esa fuerza que buscas ya vive dentro de ti.

Eres más capaz de lo que imaginas.

Tus sueños no están en tu corazón por casualidad. Están ahí porque tienes todo lo necesario para hacerlos realidad, incluso si aún no sabes cómo. La capacidad se construye en el camino, no antes de empezar.

Eres más bendecido de lo que has reconocido.

A veces estás tan enfocado en lo que falta, que olvidas ver todo lo que ya tienes. Todo lo que ya eres. Todo lo que ya has logrado. La gratitud abre puertas que la queja nunca podrá abrir.

Permítete brillar.

Sin miedo, sin culpa, sin sentir que debes hacerte pequeño para encajar. Tu luz no incomoda a quienes están en paz consigo mismos; tu luz inspira a quienes aún están buscando la suya.

Permítete crecer.

Incluso si eso significa dejar atrás versiones de ti que ya no encajan. Incluso si eso implica incomodar a otros. Crecer duele a veces, pero quedarte donde ya no perteneces duele mucho más.

Permítete convertirte en todo lo que estás destinado a ser.

Sin límites autoimpuestos, sin historias del pasado que te definan, sin miedo al qué dirán. Tu vida es tuya, y tienes el derecho de diseñarla con intención, con valentía y con amor.

Porque el verdadero límite no está en tus circunstancias.

No está en tu historia, ni en tu entorno, ni en lo que otros han dicho de ti. El verdadero límite está en lo que decides creer sobre ti mismo, sobre tus capacidades y sobre lo que es posible para tu vida.

Y cuando decides creer en ti…

cuando decides confiar, avanzar, intentar una vez más, levantarte una vez más…

el límite deja de existir.

El límite está más allá del cielo.

Con cariño,

Miriam Ayala Ceseña-Vargas

Parte 1
El despertar interior

1

CAMBIO RADICAL

Cuando recuerdo el momento en el que entré en una etapa de mi vida que, sin saberlo, traería un cambio radical a mi existencia, puedo ver con total claridad un antes y un después. No fue algo planeado ni entendido en ese instante, pero hoy lo reconozco como un punto de inflexión, un despertar silencioso que comenzó a mover todo dentro de mí. Fue el inicio de un proceso que me llevaría a cuestionar mi rumbo, mis decisiones y, sobre todo, la manera en la que estaba viviendo.

Todo comenzó con una frase aparentemente simple: "Escriban sus metas". Fue en un curso de introducción a la Programación Neuro-Lingüística al que llegué casi por casualidad. La verdad es que ni siquiera sabía exactamente a qué había ido. No tenía expectativas claras ni un propósito definido. Sólo fui. Tal vez por curiosidad, o quizá porque algo dentro de mí, aunque no lo entendiera en ese momento, sabía que necesitaba estar ahí.

El instructor —quien en ese entonces era mi maestro y hoy es mi esposo— dio la indicación con total seguridad. A mi alrededor, todos comenzaron a escribir. Se notaba en sus rostros que sabían lo que querían. Sus manos se movían con rapidez, con intención, con dirección. Había claridad. Había propósito.

Y luego estaba yo.

Sentada frente a una hoja completamente en blanco, sin saber qué escribir. No tenía ni una sola meta. Ni una. Mi mente no encontraba respuestas, y en ese silencio interno comencé a sentir algo incómodo, algo que no podía ignorar. No era un vacío tranquilo, era un vacío pesado. Una sensación de estar perdida, de no tener dirección, de no saber realmente hacia dónde iba ni quién quería ser.

Mientras el maestro caminaba entre los asientos observando a cada estudiante, yo hacía todo lo posible por aparentar que tenía claridad. Cada vez que se acercaba, cubría mi cuaderno y fingía escribir. Fingía tener respuestas. Fingía tener un plan. Desde afuera, nadie podía notar la diferencia; pero por dentro yo sabía la verdad.

No sabía lo que quería, y eso me avergonzaba profundamente.

Era una sensación incómoda, pesada. No era sólo confusión, era desconexión. Era darme cuenta de que estaba viviendo en automático, sin dirección, sin intención. Y aunque trataba de ocultarlo, ese momento me obligó a enfrentar una realidad que ya no podía seguir ignorando.

En ese instante me di cuenta de algo que me confrontó profundamente: estaba viviendo, pero no estaba dirigiendo mi vida. Estaba avanzando, sí, pero sin rumbo. Tomando decisiones, pero sin consciencia. Cumpliendo con lo que se esperaba de mí, pero sin detenerme a preguntarme qué quería yo realmente.

Ese fue mi primer paso: reconocerlo. Aceptar, con total honestidad, que la vida que estaba llevando no me iba a acercar a los sueños grandes que yo sí tenía dentro de mí. Porque sí, yo soñaba en grande. Siempre lo hice.

Recuerdo que una vez un amigo me dijo algo que en su momento me incomodó profundamente. Me dijo que yo era una soñadora, pero que no hacía nada para convertir esos sueños en realidad. En ese momento me molestó, me frustró, incluso me dolió. Pero con el tiempo entendí que esa verdad, aunque dura, era necesaria. Porque no basta con soñar. Soñar sin acción sólo alimenta la ilusión, pero no transforma la realidad.

A partir de ahí, comencé a hacer cambios reales. No perfectos, no inmediatos, pero sí conscientes. Empecé a construir una nueva forma de vivir, alineada con la persona que quería llegar a ser. Y en ese proceso, hubo herramientas clave que marcaron un antes y un después en mi vida:

1. Definir metas claras

A partir de ese momento empecé a definir metas concretas para mi vida. Dejé de vivir en lo abstracto y comencé a ponerle dirección a mis sueños. Escribir mis metas me dio claridad, me dio propósito y me permitió visualizar hacia dónde quería ir. Por primera vez dejé de sólo imaginar y comencé a decidir.

2. Planificación

Entendí que no basta con saber lo que quieres, necesitas un plan para lograrlo. Aprendí a organizar mi tiempo, a priorizar lo importante y a utilizar mis recursos de manera más inteligente. La planificación me ayudó a mantener el enfoque y a avanzar paso a paso, incluso cuando el camino no era fácil.

3. Aprender constantemente

Reconocí que si quería resultados diferentes, tenía que convertirme en una persona diferente. Comencé a invertir en mi crecimiento personal y profesional. Busqué aprender, leer, escuchar, capacitarme. El aprendizaje constante expandió mi mente y me dio herramientas para enfrentar nuevos retos con más confianza.

4. Tomar decisiones conscientes

Dejé de vivir reaccionando a lo que pasaba a mi alrededor y empecé a tomar decisiones alineadas con mis valores y mis metas. Cada elección, por pequeña que fuera, comenzó a tener intención. Eso me permitió recuperar el control de mi vida y avanzar con mayor seguridad.

5. Mantener una mentalidad positiva

Aprendí que los desafíos son parte del proceso. No se trata de evitarlos, sino de desarrollar la fortaleza para enfrentarlos. Cultivar una mentalidad positiva y resiliente fue esencial para no rendirme en los momentos difíciles. Comencé a cambiar mi diálogo interno, a creer más en mí y a ver los obstáculos como oportunidades de crecimiento.

6. Buscar apoyo

Entendí que no tenía que hacerlo todo sola. Busqué el apoyo de personas que ya estaban donde yo quería llegar. Mentores, amigos, personas que me guiaron, me impulsaron y creyeron en mí. Rodearme de un entorno adecuado hizo una gran diferencia en mi proceso.

El cambio radical en mi vida no fue casualidad. Fue el resultado de tomar una decisión: asumir el control y convertirme en la capitana de mi propio barco. Dejé de esperar a que las cosas cambiaran y comencé a cambiar yo.

Y aunque en ese momento el futuro parecía lejano, entendí algo que transformó mi forma de ver la vida: cada día cuenta. Cada decisión suma. Cada paso, por pequeño que parezca, te acerca o te aleja de la vida que deseas.

Aprender a definir metas, tomar decisiones conscientes y mantener una mentalidad fuerte puede marcar la diferencia entre vivir en automático o vivir con intención.

Y esa diferencia lo cambia todo.

2

DEFINE QUIÉN ERES: ERES MÁS DE LO QUE CREES QUE ERES

Desde el momento en que nacemos somos influenciados y moldeados por quienes nos cuidan y educan. Nos enseñan religiones, hábitos alimenticios, formas de vestir, cómo comunicarnos con los demás, qué estudiar y cómo hablar.

A menudo llevamos una vida basada en las expectativas de otros, adoptando puntos de vista ajenos y tomando críticas "constructivas" de las personas que nos rodean.

Con el tiempo nos vemos influidos por los medios de comunicación, que nos programan con sus ideales sobre cómo debe ser nuestra vida. Comenzamos a desear lo que otros tienen en términos de bienes materiales, riqueza o fama, y así nos alejamos de nuestra verdadera esencia.

Seguimos las modas y una evolución superficial, persiguiendo una felicidad que muchas veces es ilusoria. Estamos constantemente conectados a las redes sociales y nos alejamos cada vez más de nuestro yo interior, de nuestra alma y de nuestro espíritu.

Durante mucho tiempo estuve completamente perdida, como un autómata, siguiendo las corrientes de la moda y la religión en la que nací. Me alejé de mi ser interior sin darme cuenta de lo que realmente significaba la espiritualidad.

Creía que ser espiritual se reducía a asistir a la iglesia, dar limosna o hacer buenas obras, sin comprender que la espiritualidad es mucho más profunda.

La espiritualidad es despertar. Es comprender las almas. Es conocer nuestra propia alma y nuestro verdadero ser en un amor tan profundo que nada ni nadie puede arrebatárnoslo.

La espiritualidad es libertad. Y la libertad significa expansión y crecimiento continuo.

Es el momento de despertar, de conectarnos con nuestro yo interior y dejar de identificarnos con lo que no somos.

Debemos dejar de ser lo que otras personas esperan que seamos y elegir ser lo que realmente deseamos ser.

Hay una imagen que circula en redes sociales que dice:

"Si tan sólo nuestros ojos vieran almas en lugar de cuerpos, qué diferente sería nuestro concepto de belleza."

Y es verdad.

Vivimos en un mundo que nos ha enseñado a definirnos por lo externo: cómo nos vemos, cómo nos vestimos, cómo nos perciben los demás. Pero la verdadera belleza no vive en el espejo.

La belleza real se revela en nuestras actitudes hacia los demás.

En la manera en que servimos.

En el empeño que ponemos en cada cosa que hacemos, incluso cuando nadie nos está mirando.

Porque al final, lo que somos por dentro siempre encuentra la manera de manifestarse por fuera.

Definir quién eres no es una tarea superficial. No se trata de etiquetas, títulos o apariencias. Se trata de decisiones. De valores. De la energía que eliges traer a cada espacio, a cada conversación, a cada relación.

- ¿Eres alguien que suma o que resta?
- ¿Eres alguien que inspira o que se esconde?
- ¿Eres alguien que actúa con amor o desde el miedo?

Tu identidad no está escrita en piedra. Se construye todos los días, en cada elección, en cada acción, en cada pensamiento.

Y cuando decides definirte desde tu esencia —desde tu verdad, desde tu propósito— todo cambia.

Porque en ese momento, dejas de buscar validación afuera y comienzas a convertirte en la persona que siempre estuviste destinada a ser.

Tu esencia

"Eres más de lo que crees que eres".

3

LIBÉRATE DEL PASADO

Dejar ir el pasado y tomar las lecciones aprendidas es un acto profundo de madurez emocional y crecimiento personal. Suena sencillo cuando lo escuchamos, pero en la práctica puede ser uno de los procesos más desafiantes que vivimos como seres humanos.

Durante muchos años cargué con un pasado fuerte y pesado. Vivía atrapada en pensamientos que se repetían una y otra vez en mi mente: debí tomar mejores decisiones, debí hacerle caso a mis padres, debí estudiar más, debí hacer las cosas diferentes. Los "hubiera" se convirtieron en una cadena invisible que arrastraba todos los días.

Sin darme cuenta, estaba viviendo más en el pasado que en el presente.

Creía que, porque había sido criada de cierta manera, estaba destinada a repetir los mismos patrones de comportamiento. Como si mi historia ya estuviera escrita y yo no tuviera poder para cambiarla. Y lo más difícil es que esas ideas no sólo vivían en mi mente; vivían en mis decisiones, en mis emociones, en la forma en que me veía a mí misma.

Hasta que un día, en un curso de ventas, hice un ejercicio que marcó un antes y un después en mi vida.

Nos dieron una mochila llena de piedras. Cada piedra representaba todo aquello que cargamos diariamente: culpas, arrepentimientos, heridas, pensamientos no resueltos, palabras que no dijimos, decisiones que nos dolieron. Nos pidieron que camináramos con ella durante todo el día.

Al principio parecía algo simple. Incluso hasta simbólico. Pero conforme pasaban las horas, la mochila comenzó a volverse incómoda… luego pesada… y finalmente insoportable. Mi cuerpo lo resentía. Mi energía disminuía. Mi paciencia se agotaba.

Era innecesaria, pero ahí estaba, sobre mis hombros.

Al final del día entendí la lección con una claridad que nunca antes había sentido: así es como vivimos muchas veces. Cargando pesos que ya no necesitamos. Cargando historias que ya terminaron. Cargando versiones pasadas de nosotros mismos que ya no existen.

Y lo más fuerte es que muchas veces ni siquiera somos conscientes de ello.

La vida ya trae suficientes retos en el presente como para seguir acumulando el peso del ayer. Sin embargo, seguimos regresando a lo mismo: al error, al dolor, a la culpa, como si al repetirlo pudiéramos cambiarlo.

Pero la verdad es esta: el pasado no se puede cambiar, pero sí se puede resignificar.

Podemos aprender de él sin cargarlo. Podemos honrar lo que fue sin quedarnos atrapados en ello. Podemos reconciliarnos con nuestra historia y, desde ese lugar, elegir avanzar.

Porque, aunque el pasado forma parte de tu historia no tiene que definir tu destino.

Liberarte no significa olvidar. No significa negar lo que viviste ni minimizar lo que sentiste. Significa soltar el peso emocional que ya no te permite avanzar. Significa dejar de revivir el dolor y empezar a integrar la lección.

Piensa en esto: dos personas pueden vivir la misma experiencia difícil, pero interpretarla de manera completamente distinta. Una puede quedarse atrapada en el dolor, en el resentimiento, en el "por qué a mí", mientras la otra decide preguntarse: "¿para qué me pasó esto?" y usar esa experiencia como impulso para crecer.

Esa diferencia lo cambia todo.

A menudo nos aferramos a experiencias pasadas, ya sean buenas o malas, porque forman parte de nuestra identidad. Pero cuando esa identidad se basa en el dolor, en la culpa o en la limitación, se convierte en una prisión invisible.

Soltar el pasado es abrir la puerta.

Es darte la oportunidad de experimentar libertad emocional. Porque cuando dejas de cargar con lo que ya no te sirve, tu energía cambia. Tu enfoque cambia. Tu vida cambia.

Es también un acto de aprendizaje continuo. Cada experiencia, por difícil que haya sido, tiene una lección valiosa. Y cuando eliges ver esa lección, dejas de ser víctima de lo que pasó y te conviertes en estudiante de tu propia vida.

Soltar el pasado es, además, una oportunidad de renovación personal. Es permitirte empezar de nuevo, no desde la ignorancia, sino desde la sabiduría que has adquirido. Es darte permiso de ser una nueva versión de ti.

Parte fundamental de este proceso es la aceptación y el perdón. Aceptar lo que fue, aunque no haya sido como querías. Perdonar a otros y, sobre todo, perdonarte a ti. Porque muchas veces somos nuestros jueces más duros.

También es un camino hacia la presencia y la consciencia. Porque cuando sueltas el pasado, dejas espacio para vivir el presente. Y es en el presente donde realmente ocurre la vida.

Te vuelves más auténtico. Dejas de vivir bajo expectativas externas o presiones internas que ya no tienen sentido. Empiezas a ser quien realmente eres.

Y sobre todo, fortaleces tu amor propio. Porque al soltar lo que te pesa, te reconoces como alguien que merece vivir una vida plena, ligera y feliz.

En última instancia, dejar ir el pasado es un regalo que te das a ti mismo. No es algo que haces por otros; es algo que haces por tu paz, por tu bienestar, por tu crecimiento.

Y el día en que decides dejar esa mochila descubres algo que quizás habías olvidado: lo ligera que puede sentirse la vida.

Pero aquí es donde surge una pregunta aún más profunda.

Si puedes soltar el pasado, si puedes cambiar la forma en que interpretas tu historia, si puedes transformar el significado de lo que viviste, ¿qué más eres capaz de transformar?

Porque dentro de ti no sólo existe la capacidad de soltar, existe la capacidad de crear, de influir, de dirigir tu energía, tus pensamientos y tu realidad.

Y es precisamente ahí donde comienza el siguiente nivel de este proceso:

Descubrir y activar tu verdadero poder.

Tu poder metafísico.

4

TU PODER METAFÍSICO

La metafísica es la rama de la filosofía que estudia la naturaleza fundamental de la realidad. Busca comprender conceptos como el ser, la existencia, el tiempo, el espacio y la causalidad, respondiendo a preguntas que van más allá de lo físico y observable.

En términos simples, la metafísica intenta entender qué hay detrás de lo que vemos, explorando los principios que rigen el universo y la realidad que experimentamos. Desde esta perspectiva, no somos sólo un cuerpo físico; somos parte de un sistema más amplio donde todo está interconectado.

Se considera que la energía, la vibración y la relación entre mente, cuerpo y consciencia influyen directamente en nuestra experiencia de vida. Y es aquí donde este conocimiento se vuelve práctico: lo que piensas, lo que sientes y cómo actúas no sólo refleja tu realidad; también la construye.

Porque cuando comprendes esto, dejas de vivir desde el efecto y comienzas a vivir desde la causa. Empiezas a asumir responsabilidad, a tomar decisiones más conscientes y a dirigir tu vida con intención.

Los cuatro cuerpos del ser humano

Se dice que el ser humano está compuesto por cuatro cuerpos:

Cuerpo físico

Es el cuerpo material que podemos ver y tocar.

Cuerpo mental

Es donde se generan los pensamientos, las creencias y las ideas.

Cuerpo emocional

Es donde experimentamos emociones como alegría, tristeza, miedo o amor.

Cuerpo espiritual

Es la parte más profunda de nuestro ser, relacionada con nuestra conexión con algo más grande que nosotros mismos.

Cuando estos cuatro cuerpos están en equilibrio, experimentamos bienestar, claridad mental y paz interior. Pero cuando uno o más de estos cuerpos están en desequilibrio, pueden aparecer emociones negativas, estrés o confusión.

Energía baja vs. energía alta

En la vida diaria podemos experimentar diferentes niveles de energía.

Cuando nuestra energía está baja, podemos sentir:

- ansiedad
- confusión
- tristeza
- miedo
- estrés
- desmotivación

Pero cuando nuestra energía está en una vibración más alta, podemos experimentar:

- paz
- creatividad
- confianza
- alegría
- claridad
- expansión

Por eso es tan importante cuidar no sólo nuestro cuerpo físico, sino también nuestra mente y nuestras emociones.

Prácticas para equilibrar nuestra energía

Existen muchas prácticas que pueden ayudarnos a equilibrar nuestra energía y conectar con nosotros mismos.

Algunas de ellas son:

- respiración consciente
- meditación

- oración
- yoga
- tai chi
- caminar al aire libre
- escuchar música relajante
- aromaterapia
- *EFT* (técnica de liberación emocional)
- risoterapia
- masajes
- hipnosis
- prácticas ayurvédicas

Cada persona puede encontrar aquellas prácticas que mejor funcionen para ella.

No se trata de seguir una sola corriente espiritual o filosofía específica. Cada uno puede explorar y adoptar aquello que resuene con su propio camino y sus creencias.

No importa cuál sea tu religión, tu espiritualidad o tu forma de ver el mundo. Lo importante es encontrar aquello que te ayude a conectar contigo mismo y a vivir con más paz y consciencia.

Intuición

¿Cuántas veces has estado en una situación en la que algo dentro de ti te decía que debías tomar cierta decisión?

Esa voz interior es la intuición.

La intuición es esa sensación profunda que nos guía cuando estamos en silencio y aprendemos a escucharnos.

Muchas veces ignoramos esa voz porque estamos demasiado ocupados pensando, analizando o escuchando las opiniones de los demás.

Pero cuando aprendemos a conectar con nosotros mismos, empezamos a reconocer esa guía interna que siempre ha estado allí.

Nuestra intuición puede ayudarnos a tomar decisiones importantes, a evitar situaciones que no nos convienen o a seguir caminos que nos acercan más a nuestro propósito.

Escuchar el corazón

Vivimos en una sociedad que nos enseña a confiar únicamente en la lógica y la razón.

Pero el corazón también tiene una sabiduría profunda.

Cuando estamos en calma y nos permitimos escuchar, muchas veces encontramos respuestas que no aparecen cuando estamos llenos de ruido mental.

La intuición no siempre habla con palabras claras. A veces se manifiesta como una sensación, una corazonada o una emoción que nos indica hacia dónde ir.

Aprender a confiar en esa voz interior es parte del crecimiento personal y espiritual.

Un ejercicio de conexión interior

Tómate un momento para hacer una pausa.

Respira profundamente.

Pregúntate ahora:

- ¿Qué estoy sintiendo en este momento?
- ¿Qué necesita mi mente?
- ¿Qué necesita mi corazón?

Permítete escuchar sin juzgar.

Las respuestas muchas veces ya están dentro de ti. Sólo necesitan silencio para poder aparecer.

Cuando aprendemos a escucharnos, a cuidar nuestra energía y a equilibrar nuestros diferentes niveles de existencia, empezamos a vivir con más consciencia.

Y cuando vivimos con más consciencia, nuestras decisiones, nuestras relaciones y nuestra vida entera comienzan a transformarse.

Porque el verdadero poder siempre ha estado dentro de nosotros.

PARTE 2
RECONSTRUIRTE

La transformación personal no ocurre sólo cuando entendemos nuestras emociones o nuestras creencias. También ocurre cuando empezamos a actuar de manera diferente.

Reconstruirte significa tomar decisiones conscientes, desarrollar disciplina, organizar tu vida y asumir responsabilidad por el futuro que quieres crear.

En esta etapa comienza el verdadero cambio: pasar del pensamiento a la acción.

5

EL MÉTODO SOBERANÍA PERSONAL: DE VÍCTIMA A LÍDER DE TU VIDA

A lo largo de este libro has recorrido historias, reflexiones y momentos que quizá te hicieron detenerte y mirar hacia adentro; pero más allá de cada palabra, existe algo más profundo que lo sostiene todo: un proceso; un camino que no ocurre por casualidad, sino por una decisión consciente.

La decisión de dejar de vivir en piloto automático; y empezar a liderar tu vida desde adentro.

Ese proceso hoy tiene un nombre:

El Método Soberanía Personal

Un camino de cinco pasos que no busca cambiar quién eres, sino ayudarte a recordar quién puedes ser cuando decides tomar el control de tu vida emocional, mental y espiritual; porque la soberanía personal no es controlar todo lo que sucede afuera, es aprender a gobernarte a ti, incluso cuando el mundo no es perfecto.

Es pasar de reaccionar a elegir; de culpar a crear; de sobrevivir a vivir con intención.

Paso 1: CONSCIENCIA

Ver con claridad lo que antes evitabas ver

Todo comienza cuando decides detenerte; cuando haces una pausa en medio del ruido y te permites observar tu vida con honestidad; no desde el juicio, sino desde la verdad.

Porque muchas veces no es que no sepamos lo que nos pasa; es que no queremos verlo.

La consciencia es ese momento incómodo donde reconoces tus pensamientos, tus emociones y los patrones que repites sin darte cuenta; es darte cuenta de dónde te estás saboteando, dónde te estás conformando, y dónde estás actuando desde el miedo en lugar de tu poder.

Y aunque incomode, también libera; porque en el momento en que ves con claridad, dejas de vivir en automático.

Despiertas; y ese despertar, por pequeño que parezca, es el inicio de toda transformación real.

Paso 2: SANACIÓN

Liberar lo que ya no te pertenece

Cuando ves con claridad, ya no puedes seguir igual; porque ahora sabes, y saber implica responsabilidad emocional.

Por eso, el siguiente paso no es correr; es sanar.

Sanar no es borrar el pasado ni hacer como si nada hubiera ocurrido; sanar es dejar de cargarlo como una identidad.

Es soltar el miedo que te limita; la culpa que te pesa; la vergüenza que te frena; y todas esas historias que te ayudaron a sobrevivir, pero que hoy ya no te permiten avanzar.

Todo lo que no sanas, se repite; todo lo que no enfrentas, se transforma en un patrón.

Sanar es un acto de valentía, pero también de amor propio; es elegir responder desde la consciencia en lugar de reaccionar desde la herida.

Aquí comienzas a recuperar tu paz; aquí dejas de vivir atado al pasado, y abres espacio para una nueva historia.

Paso 3: RESPONSABILIDAD

Tomar el control de tu vida

Este es el punto donde ocurre el verdadero cambio; porque asumir responsabilidad total no es fácil, pero es necesario.

Significa dejar de mirar hacia afuera en busca de culpables, y empezar a mirar hacia adentro en busca de respuestas; es soltar frases como "por su culpa", "por lo que me hicieron" o "por las circunstancias", y empezar a decir: "A partir de hoy, yo decido quién soy."

La responsabilidad no significa que todo haya sido tu culpa; significa que a partir de este momento, tu vida sí es tu decisión.

No puedes cambiar lo que pasó; pero sí puedes decidir qué haces con eso.

Aquí dejas de ser efecto de lo que te rodea; y te conviertes en la causa de lo que creas; aquí recuperas tu poder.

Paso 4: ACCIÓN

Convertir tus decisiones en resultados

La transformación no ocurre en lo que sabes; ocurre en lo que haces.

Aquí es donde dejas de quedarte en la intención y empiezas a moverte con propósito; no siempre será cómodo, habrá días donde no tendrás ganas, donde dudarás, donde sentirás miedo.

Pero es ahí donde se construye el cambio real.

La acción requiere disciplina, constancia y compromiso contigo; es dejar de prometerte cosas y empezar a cumplirte; es demostrarte, con hechos, que puedes confiar en ti.

No necesitas perfección; necesitas consistencia.

Porque son las pequeñas acciones, sostenidas en el tiempo, las que crean una vida diferente; aquí dejas de esperar el momento ideal, y empiezas a crear resultados reales.

Paso 5: EXPANSIÓN

Vivir desde tu nueva identidad

Cuando sostienes el proceso, algo cambia profundamente dentro de ti; ya no piensas igual, ya no reaccionas igual, ya no aceptas lo mismo.

Tu forma de ver la vida se transforma, y con eso, tus decisiones también; empiezas a rodearte de mejores entornos, a atraer nuevas oportunidades y a elegir desde un lugar más consciente.

No porque la vida sea perfecta; sino porque tú ya no eres la misma persona.

La expansión no es convertirte en alguien nuevo; es permitirte vivir como la versión de ti que siempre tuvo el potencial de existir.

Aquí nace tu soberanía personal.

Víctima vs Persona Soberana

La diferencia no está en lo que te sucede; está en cómo decides responder.

La víctima culpa, reacciona, espera, duda y se limita; la persona soberana asume, decide, actúa, confía y se expande.

Y ese cambio no ocurre de un día para otro; ocurre cada vez que eliges diferente.

Este proceso no es lineal

No es algo que haces una sola vez; es un camino que se recorre una y otra vez, cada vez con más profundidad.

Volverás a hacerte consciente; volverás a sanar nuevas capas; volverás a asumir más responsabilidad; volverás a tomar acción; y volverás a expandirte.

Eso es crecer; eso es evolucionar.

Cierre

No se trata de convertirte en alguien más; se trata de dejar de vivir desde la inconsciencia, y empezar a vivir con intención.

Porque el verdadero cambio no ocurre cuando todo afuera mejora; ocurre cuando tú decides liderar tu vida desde adentro.

Y cuando eso pasa, dejas de sobrevivir, y empiezas a vivir como una persona verdaderamente soberana.

6

LAS METAS: EL PRIMER PASO PARA TRANSFORMAR TU VIDA

En algún momento de mi vida escuché una pregunta que cambió completamente mi manera de pensar:

¿Tienes metas claras para tu vida?

Hasta ese momento, nunca me había detenido realmente a pensar en eso. Vivía el día a día, trabajando, cumpliendo responsabilidades y esperando que las cosas simplemente sucedieran.

Pero ese día entendí algo importante:

Si no sabes hacia dónde vas, cualquier camino te llevará ahí.

Esa frase se quedó conmigo. Me confrontó. Me hizo darme cuenta de que no tener metas no es neutral; es peligroso. Porque cuando no defines tu dirección, la vida, las circunstancias y las decisiones de otros terminan definiéndola por ti.

Decidí entonces tomar un papel y un bolígrafo y escribir mis metas.

Al principio fue incómodo. No estaba acostumbrada a pensar en mi vida de esa manera. Mi mente dudaba, se bloqueaba, no sabía por dónde empezar. Pero poco a poco comenzaron a surgir ideas… sueños… deseos que habían estado dentro de mí por mucho tiempo, esperando ser reconocidos.

Escribir mis metas me dio algo que no tenía: claridad.

Me permitió visualizar el tipo de vida que quería construir, el tipo de persona que quería ser y el impacto que quería tener en mi familia y en mi entorno. Dejé de vivir reaccionando, y empecé a vivir creando.

Comprendí que las metas no son sólo deseos. Son una dirección.

Las metas nos ayudan a enfocar nuestra energía, a tomar mejores decisiones y a avanzar con intención. Son como un mapa. Tal vez no tengas todos los detalles del camino, pero sabes hacia dónde vas. Y eso cambia todo.

No se trata de tener un plan perfecto. Se trata de tener un punto de partida.

Cuando escribes tus metas, algo cambia dentro de ti. Tu mente comienza a trabajar a tu favor. Empieza a buscar caminos, oportunidades y soluciones que antes no veías. Es como si activaras un filtro interno que te conecta con aquello que necesitas para avanzar.

Y esto no es sólo una idea bonita; es algo que muchas personas exitosas han aplicado en su vida.

Brian Tracy, uno de los expertos más reconocidos en desarrollo personal y metas, ha enseñado durante años un principio muy poderoso: las personas que escriben sus metas tienen muchas más probabilidades de lograrlas que aquellas que sólo las piensan o las dicen. Él mismo atribuye gran parte de su éxito a ese hábito simple pero transformador. Escribir sus metas diariamente le dio enfoque, dirección y disciplina.

Jim Carrey, antes de ser un actor famoso, escribió un cheque a su nombre por 10 millones de dólares por "servicios de actuación". Lo guardó en su cartera y lo veía constantemente. Años después, recibió un pago muy cercano a esa cantidad por una película. No fue magia; fue enfoque, visualización y acción constante.

Oprah Winfrey también ha hablado abiertamente sobre el poder de escribir y visualizar sus metas. Desde muy joven tenía claro que quería salir adelante, ayudar a otros y construir algo grande. Escribía, visualizaba y trabajaba con intención. Y hoy es un ejemplo de lo que sucede cuando alineas tu visión con tus acciones.

Estas historias no son coincidencia. Son evidencia de algo muy claro: cuando escribes tus metas, comienzas a tomar control de tu vida.

Y lo más importante: empiezas a creer que es posible.

Porque muchas veces el problema no es que no tengamos sueños; es que no creemos que sean alcanzables. Pero cuando los ves escritos, cuando los lees, cuando los repites, dejan de ser ideas lejanas y comienzan a convertirse en objetivos reales.

Tal vez no todo suceda exactamente como lo imaginaste. Tal vez el camino cambie, tal vez tengas que ajustar, aprender, equivocarte y volver a intentar. Pero cada paso que das te acerca a una versión más consciente, más enfocada y más fuerte de ti mismo.

Las metas no son sólo resultados.

Son herramientas que nos ayudan a crecer.

Son el puente entre la vida que tienes y la vida que eres capaz de construir.

7

EL PODER DE LA INTENCIÓN

¿Alguna vez has sentido que el tiempo se te escapa y que, a pesar de todo tu esfuerzo, no avanzas como quisieras? ¿Te has preguntado por qué, aunque trabajas duro, cumples con tus responsabilidades y haces "todo lo correcto", sigues sintiendo un vacío por dentro? Esa sensación de estar ocupado, pero no necesariamente en dirección a lo que realmente importa, es más común de lo que imaginas.

Si esto te ha pasado, quiero decirte algo con total claridad: nada cambia hasta que decides ser intencional con cada acción que tomas. No se trata sólo de hacer cosas. Se trata de saber por qué las haces, para qué las haces y hacia dónde te están llevando.

Aprendí esta lección en una sesión, y fue un momento que marcó un antes y un después en mi vida. Me di cuenta de que no basta con moverse de un lado a otro esperando resultados diferentes. No se trata de hacer más; se trata de hacer mejor. De hacer con propósito. De hacer con dirección. De hacer con consciencia.

Ese día entendí que cada acción, por pequeña que parezca, debe tener un propósito claro. No se trata de llenar el día de actividades, sino de llenar tu vida de significado. Porque puedes estar extremadamente ocupado, y aun así no estar avanzando.

Desde ese momento tomé una decisión poderosa: convertirme en alquimista de mi propia vida. Transformar lo que tengo en lo que quiero, utilizando mi energía, mi enfoque y mi intención. Dejar de reaccionar ante la vida y empezar a crearla.

Y lo primero que entendí fue esto: no puedes dar si tu cubeta está vacía.

¿Cuántas veces has puesto a los demás antes que a ti? Tal vez te esfuerzas por ser un buen padre, una buena madre, un líder responsable, un amigo presente, un profesional comprometido, pero al final del día te sientes agotado, sin energía, sin motivación. Das, das y das, hasta que ya no queda nada para ti.

La verdad es simple, aunque a veces incómoda: no puedes servir desde el vacío. No puedes dar amor si estás vacío de amor. No puedes dar energía si estás drenado. No puedes inspirar a otros si tú mismo te sientes perdido.

Para mí, esto significó detenerme y hacerme preguntas que antes evitaba: ¿Qué necesito en este momento? ¿Cómo puedo nutrir mi mente, mi cuerpo y mi espíritu? ¿Qué acciones me llenan, y cuáles me drenan?

Y fue ahí donde descubrí algo clave: todo en la vida puede trabajar a tu favor si aprendes a verlo de manera diferente.

Durante mucho tiempo vi los obstáculos como problemas. Como cosas que estaban "en contra" de mí. Pero hoy entiendo que todo —absolutamente todo— puede convertirse en una herramienta de crecimiento si decides usarlo así.

Las palabras que recibes —ya sean buenas o malas— pueden impulsarte o frenarte, dependiendo de cómo las interpretes. Un comentario puede ser una crítica, o puede ser una oportunidad de mejora. Un error puede ser un fracaso, o puede ser una lección que te prepara para algo más grande.

Incluso el miedo y la incomodidad, que tantas veces tratamos de evitar, pueden ser señales de que estás creciendo, de que estás saliendo de tu zona de confort, de que estás avanzando.

Piensa en figuras como Thomas Edison, quien falló miles de veces antes de crear la bombilla. Cuando le preguntaron sobre sus fracasos, respondió que no había fallado, sino que había descubierto miles de formas que no funcionaban. Esa es la mentalidad del crecimiento.

Cuando comprendí esto, algo cambió dentro de mí. Dejé de resistirme a lo que no podía controlar y comencé a usar cada experiencia —buena o mala— como un escalón para avanzar.

Otro cambio profundo vino cuando entendí el valor de mi tiempo. Porque si realmente quieres lograr tus metas, tienes que aprender a respetar tu propio calendario.

Antes, yo misma me saboteaba. Ponía cosas importantes en mi agenda, y luego encontraba excusas para no cumplirlas. "Lo hago después", "no pasa nada", "hoy no tengo ganas". Pero cada vez que hacía eso, le estaba enviando un mensaje claro a mi mente: mis sueños no son prioridad.

Y la verdad es que tu calendario no es sólo una lista de tareas. Es un reflejo de tu integridad. Cada compromiso que haces contigo mismo es una promesa.

Y cada vez que no la cumples, esa confianza interna se debilita.

Aprendí a tratar mi tiempo como algo sagrado. Si está en mi agenda, es importante. No porque alguien más lo diga, sino porque yo lo decidí.

También tuve que aprender algo que muchas veces se pasa por alto: aprender a recibir.

Vivimos en una cultura que celebra el dar, el sacrificarse, el estar siempre disponible para los demás. Pero rara vez nos enseñan que recibir también es necesario. Recibir descanso. Recibir apoyo. Recibir amor. Recibir reconocimiento.

Durante mucho tiempo creí que debía hacerlo todo sola. Que pedir ayuda era debilidad. Que detenerme era perder el tiempo. Pero entendí que recibir también es un acto de amor propio. Es permitirte ser humano.

Tu cuerpo y tu mente siempre te están hablando. Te envían señales cuando estás cansado, cuando estás saturado, cuando necesitas parar. El problema es que muchas veces no escuchamos.

A veces, lo que más necesitas no es hacer más, es hacer una pausa. Respirar. Reconectarte contigo.

Y en medio de todo este crecimiento, también entendí algo que muchas veces olvidamos: no pierdas tu esencia.

Porque no todo en la vida es disciplina, metas y productividad. La vida también es reír, bailar, cantar, disfrutar. Es conectar con lo que te hace sentir vivo.

Yo descubrí que mi esencia está en la alegría, en la ilusión, en esa chispa que me hace ver la vida con entusiasmo. Y entendí que no tengo que apagar esa luz para encajar o complacer a los demás.

Ser tú mismo, sin filtros, sin miedo, sin máscaras es uno de los actos más poderosos de transformación.

Pero todo esto —todo este crecimiento, toda esta consciencia— requiere algo fundamental: responsabilidad.

Si realmente quieres transformar tu vida, tienes que asumirla. No puedes seguir esperando que las circunstancias cambien, que otras personas cambien, que "algo" pase. Nada cambia si *tú* no cambias.

Esto implica cosas muy concretas: organizar tus finanzas, planificar tu vida, respetar tus metas, cumplir tus compromisos. Implica dejar de justificarte y empezar a actuar.

Porque si tú no te tomas en serio tus sueños, nadie más lo hará por ti.

Así que hoy quiero dejarte con una invitación clara. No esperes a que todo sea perfecto. No esperes a que desaparezca el miedo. No esperes a que alguien más te dé permiso.

Empieza ahora.

Sé intencional con cada acción. Llena tu cubeta antes de intentar llenar la de otros. Respeta tu tiempo como respetarías algo sagrado. Aprende a recibir con la misma apertura con la que das. Permítete disfrutar la vida mientras creces. Y asume la responsabilidad total de tu camino.

Porque el poder de transformar tu vida nunca ha estado afuera.

Siempre ha estado en ti.

Y cuando empiezas a vivir con intención, con consciencia y con responsabilidad, inevitablemente surge una nueva necesidad: seguir creciendo, seguir aprendiendo, seguir evolucionando.

Porque una vida con propósito no se sostiene sola, se construye día a día.

Y ahí es donde comienza el siguiente paso en este camino: comprender lo verdaderamente esencial del desarrollo personal.

8

LO ESENCIAL DEL DESARROLLO PERSONAL

Hubo un tiempo en mi vida en el que no tenía grandes aspiraciones. Cuando era más joven, mi enfoque era simple: estudiar algo rápido, conseguir un trabajo y seguir adelante sin cuestionarme demasiado el futuro. Vivía al día, cumpliendo con lo necesario, pero sin detenerme a pensar en el impacto que mis decisiones —o mi falta de ellas— tendrían con el paso del tiempo. No comprendía la verdadera importancia del aprendizaje ni cómo este podía transformar no sólo mi carrera, sino cada área de mi vida.

Pero con el tiempo, la vida misma se encargó de enseñarme una lección que hoy considero invaluable: el conocimiento es una de las herramientas más poderosas que tenemos para construir el futuro que deseamos. No se trata sólo de saber más, se trata de ver más. De entender mejor. De tomar decisiones desde la consciencia y no desde la reacción.

No importa en qué etapa de tu vida te encuentres. No importa si tienes 20, 40, 60 años o más. Siempre tienes la oportunidad de aprender, de crecer y de reinventarte. Porque mientras estés vivo, estás en proceso. Y ese proceso puede ser consciente o puede ser automático. La diferencia está en ti.

Con el tiempo entendí que el aprendizaje no se limita a las aulas ni a los títulos. El aprendizaje verdadero es el que transforma tu manera de pensar, de actuar y de ver el mundo. Es el que te confronta, te incomoda y al mismo tiempo te expande. Aprender no es acumular información, es evolucionar como persona. Y dentro de ese proceso, el crecimiento personal se vuelve esencial. Porque no basta con avanzar por fuera si por dentro sigues siendo la misma persona. El crecimiento personal es lo que te permite elevar tu mentalidad, fortalecer tu carácter y desarrollar la disciplina necesaria para sostener la vida que deseas. Es lo que convierte el conocimiento en transformación real.

Cuando comienzas a aprender de manera intencional, algo cambia dentro de ti. Tu mente se abre a nuevas perspectivas y empiezas a cuestionar lo que antes dabas por hecho. Tomas mejores decisiones, no desde el miedo o la duda, sino desde la información y la claridad. Se abren puertas que antes ni siquiera sabías que existían. Tu potencial económico crece, pero, más importante aún, crece tu seguridad personal. Comienzas a confiar en ti.

Hay algo que también entendí con el tiempo, y es que el crecimiento no siempre es visible; pero eso no significa que no esté ocurriendo. Existe una planta conocida como el bambú japonés. Durante años, parece que no pasa nada. Lo siembras, lo riegas, lo cuidas… y no ves resultados. Pueden pasar cuatro o cinco años sin que haya un cambio visible sobre la superficie. Y entonces, de repente, en cuestión de semanas, crece varios metros. Pero la realidad es que no creció en semanas; creció durante todos esos años en silencio. Lo que estaba ocurriendo bajo tierra era lo más importante: estaba desarrollando raíces profundas, fuertes, capaces de sostener el crecimiento que vendría después. Y lo mismo ocurre contigo. Hay momentos en los que sientes que no avanzas, que haces el esfuerzo, que trabajas en ti y aun así no ves resultados inmediatos. Pero eso no significa que estés estancado. Significa que estás construyendo tus raíces. Cada decisión consciente, cada vez que eliges crecer, cada vez que decides no rendirte, está trabajando dentro de ti, aunque aún no sea visible. Porque el crecimiento real no es el que se ve primero; es el que se sostiene después. Y cuando llega tu momento, cuando todo lo que has construido por dentro está listo, el crecimiento se vuelve inevitable.

Hay historias que reflejan este poder de manera impresionante. Jim Rohn decía que no se trata de desear una vida mejor, sino de convertirte en una mejor versión de ti mismo. Y eso sólo sucede cuando decides aprender. Cuando decides invertir en ti. Porque la vida no mejora por accidente, mejora cuando tú mejoras.

Es cierto, hay personas que han alcanzado el éxito sin estudios formales, y eso es admirable. Pero incluso esas personas han sido estudiantes de la vida. Han aprendido de la ardua experiencia, de los errores grandes y pequeños, y de los mentores conscientes. El conocimiento, en cualquiera de sus formas, siempre ha sido parte de su crecimiento. Y es precisamente ese conocimiento el que te permite construir tu propio camino con mayor claridad y confianza.

Aprender no sólo te hace mejor profesional. Te hace mejor ser humano. Desarrollas habilidades técnicas, por supuesto; pero también desarrollas liderazgo, comunicación e inteligencia emocional. Aprendes a organizarte, a analizar, a resolver problemas con creatividad. Y lo más importante: te conviertes en alguien capaz de contribuir positivamente a la vida de otros. Porque el conocimiento no sólo cambia tu vida, cambia la forma en la que experimentas el mundo.

Y aquí viene algo importante: nunca es tarde.

Si alguna vez has pensado "ya es demasiado tarde para estudiar", detente un momento. Esa idea no es una verdad; es una creencia. Y muchas veces, es una excusa disfrazada de lógica.

Yo tomé la decisión de comenzar mi carrera después de haber formado una familia y criado a mis hijas. Tenía 40 años. No fue fácil. Hubo dudas, cansancio y momentos en los que pensé que tal vez ya no era el momento... que quizás había llegado tarde.

Pero hoy puedo decir, con total certeza, que fue una de las mejores decisiones de mi vida; porque entendí algo clave: no existe el momento perfecto. El momento perfecto es cuando decides. Es como la frase verdadera que respondemos muchos profesionales en bienes raíces cuando nos preguntan:

—¿Cuándo es el mejor tiempo para comprar casa?

—El mejor momento para comprar fue hace 20 años. ¡El segundo mejor momento es ahora!

Es igual cuando decides cambiar.

Recuerdo especialmente uno de mis exámenes de bienes raíces. Aunque era con libro abierto, no lo hacía más sencillo. Ese día no tenía con quién dejar a mi hija Sofía, así que la llevé conmigo a la oficina donde presentaría el examen. Gracias a Dios, en ese momento me permitieron que entrara conmigo.

Mientras intentaba concentrarme, Sofía estaba inquieta: brincaba de un lado a otro, buscaba mi atención constantemente, me distraía agarrándome la cabeza y platicándome cosas, y el tiempo seguía avanzando. Yo estaba nerviosa, con la presión de terminar y entregar a tiempo, y con el miedo de no aprobar.

Pero, en medio de ese caos, tomé una decisión: enfocarme. Respiré profundo, me centré y seguí adelante.

Y pasé el examen.

Ese momento me dejó una lección que nunca voy a olvidar: no necesitas condiciones perfectas para avanzar. Necesitas decidir, tomar acción y seguir adelante, incluso con miedo, incluso con dudas y con obstáculos, pero con firme determinación.

La educación no es una etapa. Es un estilo de vida. Es un proceso continuo que te acompaña siempre, si tú lo permites. El crecimiento no ocurre de la noche a la mañana. Se construye día a día. En pequeñas decisiones. En hábitos aparentemente simples. En la disciplina de preguntarte constantemente: ¿qué aprendí hoy? ¿Cómo crecí en comparación con ayer? ¿Qué experiencia me hizo mejor persona hoy?

Esas preguntas, aunque parezcan sencillas, tienen el poder de cambiar tu enfoque. Porque te obligan a vivir con intención, a dejar de ser espectador de tu vida y convertirte en protagonista. No esperes a que la vida te obligue a aprender a través del dolor. Puedes elegir aprender desde la consciencia, desde la curiosidad, desde el deseo genuino de crecer.

No permitas que las excusas, el miedo o la pereza te detengan. El tiempo va a pasar de todas formas. La verdadera pregunta es: ¿quién vas a ser cuando ese tiempo haya pasado?

¿Alguien que se atrevió a crecer, o alguien que se quedó donde estaba?

Hoy tienes una oportunidad. Hoy puedes tomar una decisión distinta. Hoy puedes elegir aprender, evolucionar y construir una vida con propósito.

Porque el poder de tu transformación no está en las circunstancias. Está en tus manos.

Y cuando entiendes esto, algo cambia profundamente dentro de ti.

En Programación Neuro-Lingüística existe un principio poderoso: causa y efecto. Vivir en efecto es creer que lo que sucede afuera determina cómo te sientes y cómo actúas. Es pensar que las personas, las circunstancias o el pasado tienen el control de tu vida.

En cambio, vivir en causa es asumir que tú eres el origen de tus decisiones, de tus emociones y de tus resultados. Es entender que, aunque no puedas controlar todo lo que sucede, siempre puedes elegir cómo responder.

Y ahí es donde comienza tu verdadero poder.

Porque cuando pasas de reaccionar a elegir, dejas de sobrevivir y empiezas a liderar tu vida.

Y ese entendimiento es precisamente lo que te llevará al siguiente paso.

Porque cuando comienzas a crecer por dentro, inevitablemente llegas a una pregunta aún más profunda:

¿Estoy realmente poniéndome en el lugar que merezco en mi propia vida?

Y ahí es donde comienza una de las decisiones más importantes de tu transformación:

Poner tu ser en primer lugar.

No desde el ego, sino desde la consciencia. No desde el orgullo, sino desde el amor propio. Porque cuando te eliges, cuando decides crecer, aprender y evolucionar, todo en tu vida comienza a cambiar. Dejas de conformarte con menos de lo que sabes que mereces, dejas de esconderte detrás de excusas y dejas de justificar aquello que te mantiene en el mismo lugar.

Empiezas a actuar. Empiezas a tomar decisiones alineadas con la persona en la que te estás convirtiendo. Poco a poco, comienzas a respetarte, a valorarte y a construir una vida que realmente refleje quién eres por dentro.

Porque la transformación no ocurre cuando todo está listo; ocurre cuando tú decides estarlo. No necesitas más tiempo, no necesitas más perfección, no necesitas tener todas las respuestas. Lo único que necesitas es decidir.

Decidir crecer. Decidir aprender. Decidir dejar de vivir en automático y convertirte en protagonista de tu propia historia.

Porque la vida que quieres no está en el futuro; se construye con cada decisión que tomas hoy. Y cuando mires atrás, no serán las circunstancias las que habrán definido tu historia, sino tus decisiones.

Así que hoy quédate con esta verdad: No eres lo que has vivido; eres lo que decides hacer con eso.

Y el momento de empezar es ahora.

9

TRANSFORMA TU VIDA: PON TU SER EN PRIMER LUGAR

¿Alguna vez te has detenido a pensar en lo que realmente te importa? ¿En lo que realmente mereces? Durante mucho tiempo, yo no me di el valor que me correspondía. Estaba tan enfocada en las tareas, en los demás y en lo que debía hacer para cumplir con las expectativas de quienes me rodeaban, que me olvidé completamente de mí misma. No me estaba dando el tiempo necesario, no estaba poniendo en práctica la autovaloración que merecía, y sin darme cuenta, vivía en piloto automático, cumpliendo con todo menos conmigo.

Pero algo cambió. Una noche, en medio del cansancio y el silencio, me di cuenta de algo que me confrontó profundamente: si yo no me doy el valor que necesito, no puedo dar lo mejor de mí a los demás. Fue una verdad simple, pero poderosa. Porque durante mucho tiempo creemos que darlo todo por los demás es amor cuando, en realidad, muchas veces es abandono propio.

Hoy quiero compartirte un momento crucial de mi vida. Después de una sesión de reflexión profunda, tomé una decisión que marcó un antes y un después: me comprometí a ponerme en primer lugar. Ese mismo día decidí cambiar mi enfoque. Iba a terminar mis tareas, sí; pero también iba a darme tiempo para mí. Iba a aprender a valorar mi tiempo, mis emociones y mis necesidades. Fue un momento de consciencia que redefinió mi rumbo. Porque si tú no te das el valor que mereces, ¿quién lo hará por ti?

Ese día entendí algo fundamental: para ser mi mejor versión, tengo que priorizarme. Y no, no se trata de egoísmo. Se trata de responsabilidad. Se trata de cuidarte para poder dar lo mejor de ti a tu familia, a tus amigos, a tu comunidad. Se trata de aprender a conectar con las personas desde un lugar sano, de ser consciente de tus propias necesidades y de gestionarlas con inteligencia emocional. Se trata de crear un balance real entre tu vida personal y profesional.

Decidí invertir en mí misma. En mi conocimiento. En mi crecimiento personal. En mi disciplina. Porque entendí algo que personas exitosas han repetido a lo largo de la historia: el conocimiento es poder. Y ese poder no sólo te da herramientas, te da libertad. Oprah Winfrey, por ejemplo, no llegó a donde está por casualidad. Su transformación comenzó cuando decidió invertir en su desarrollo personal, en su mentalidad y en su propósito. Y ese mismo principio aplica para ti y para mí.

Cuando empecé a organizarme, a trabajar de manera más estratégica y a ser más disciplinada, comencé a ver resultados. Pero no fueron sólo los grandes logros los que marcaron la diferencia, fueron los pequeños detalles. Descubrí algo increíble: los pequeños detalles importan. Un día me compré flores. Puede parecer algo insignificante, pero ese gesto me recordó algo muy poderoso: yo merezco lo mejor. Esos pequeños actos de amor propio abren la puerta a nuevas posibilidades. Porque cuando tú te tratas con valor, empiezas a enseñarle al mundo cómo tratarte.

Este es un año transformador para mí. Y estoy convencida de que también puede serlo para ti. Pero no se trata sólo de cumplir metas profesionales. Se trata de convertirte en la mejor versión de ti mismo en todas las áreas de tu vida. Estoy aprendiendo que la clave está en la mentalidad. No se trata de seguir el camino fácil o quedarte en la zona de confort. Se trata de salir de ella, de evolucionar, de reconocer cuando el ego aparece y decidir no seguirlo.

Se trata de un cambio interno profundo: pasar del arquetipo de víctima al arquetipo de líder de tu vida. Es el momento en el que dejas de reaccionar a lo que sucede y comienzas a dirigir tu vida con intención.

Vivir desde la víctima es sentir que lo que ocurre afuera define cómo te sientes, lo que haces y hasta quién eres. Es ceder el control a las circunstancias, a las personas o al pasado. En cambio, vivir desde la soberanía personal es asumir que tú eres el origen de tus decisiones, de tus emociones y de tu camino.

Tomar el control de tu vida, de tus emociones y de tu futuro no sucede por casualidad; es una decisión consciente. Es elegir dejar de culpar, dejar de esperar y dejar de depender de factores externos para avanzar.

Porque quien vive desde el victimismo espera que las cosas cambien. Pero quien vive como líder de su soberanía personal toma decisiones... y crea el cambio.

Si alguna vez has sentido que tus esfuerzos no han sido reconocidos o que te has quedado atrás, quiero decirte algo importante: nunca es tarde para empezar. Nunca. Hay historias que lo demuestran. Colonel Sanders fundó KFC a los 65 años. Vera Wang diseñó su primer vestido a los 40. La edad no es una limitación, es una excusa cuando no hay decisión.

Ya sea que quieras mejorar tu salud, tus relaciones, tu carrera o tu mentalidad, todo comienza con una decisión: ponerte en primer lugar. Porque eres una persona valiosa. Y cuando tú te valoras, los demás también lo hacen.

Te invito a hacer algo por ti hoy mismo. Detente un momento. Respira. Reflexiona. Pregúntate con honestidad: ¿Qué me hace feliz? ¿Qué necesito para sentirme bien? Hazlo por ti, no por los demás. No para cumplir expectativas, sino para honrar tu esencia.

Toma acción. Empieza a poner en práctica lo que has aprendido. Comienza a invertir en tu crecimiento personal. Porque la vida no cambia cuando entiendes; cambia cuando aplicas.

No se trata sólo de tener éxito. Se trata de ser auténtico. De conectar con lo que realmente te importa. De vivir con intención. De avanzar sin miedo.

El camino hacia tu mejor versión comienza hoy. Yo lo estoy haciendo. Y tú también puedes hacerlo.

La pregunta es, ¿qué estás esperando para comenzar?

PARTE 3
CONVERTIRTE EN TU MEJOR VERSIÓN

Llegó un momento en mi vida en el que entendí que el crecimiento personal no es sólo aprender nuevas herramientas o establecer metas. También significa mirarte con honestidad. Significa reconocer tus miedos, tus heridas, tus patrones y las historias que te has contado durante años. La transformación real ocurre cuando te permites ver tu verdad sin máscaras. No es un proceso fácil, pero es uno de los más liberadores que podemos vivir. En esta parte del camino comencé a descubrir cosas de mí misma que no había querido ver durante mucho tiempo. Y fue precisamente ahí donde comenzó mi verdadera transformación.

10

HERRAMIENTAS QUE TRANSFORMARON MI VIDA

El crecimiento personal no ocurre por accidente. Ocurre cuando decidimos exponernos a nuevas ideas, nuevas herramientas y nuevas formas de pensar.

A lo largo de mi camino he tenido la oportunidad de estudiar y aprender de diferentes cursos, libros y experiencias que han ampliado mi mente y han cambiado mi manera de ver la vida.

Cada uno de ellos ha aportado algo distinto a mi proceso de crecimiento.

Cursos

Algunos de los cursos que han impactado mi vida incluyen:

- Introducción a Programación Neuro-Lingüística
- Practitioner de Programación Neuro-Lingüística
- *Benchmark*
- Metas Certeras
- *Millionaire Mindset*
- *Learn Hypnosis*
- *Presenting with Power*

- *Toastmasters International*

Cada uno de estos espacios de aprendizaje me permitió desarrollar habilidades que no sólo aplican al negocio, sino también a la vida.

Aprendí sobre comunicación, liderazgo, mentalidad, metas y disciplina.

Pero, sobre todo, aprendí a trabajar en mí misma.

Libros

Hay libros que definitivamente cambian la vida.

Abrir nuestra mente a lo que otras personas han experimentado nos expande la mente, el espíritu y nos hace más sabios sobre qué hacer y qué no hacer.

Las experiencias de otras personas muchas veces nos permiten reflexionar de manera anticipada sobre lo que podríamos experimentar en la vida.

Como dice el dicho:

Cada cabeza es un mundo.

Y así es.

Cada uno de nosotros ha vivido y experimentado la vida de maneras distintas.

Algunos de los libros que más me han impactado incluyen:

- *El poder del ahora*
- *El juego de la vida y cómo jugarlo*
- *Hábitos atómicos*
- *Autodisciplina*
- *Be Obsessed or Be Average*
- *The Compound Effect*

Cada uno de ellos aportó algo importante a mi proceso de crecimiento.

Audiolibros

Los audiolibros se han convertido en uno de mis pasatiempos favoritos.

Aprovechar el tiempo para escuchar contenido que nutre la mente es una de las mejores inversiones que podemos hacer.

Mientras manejas, haces ejercicio o realizas tareas cotidianas, puedes seguir aprendiendo.

El conocimiento está disponible para todos.

La pregunta es si estamos dispuestos a buscarlo.

Programación Neuro-Lingüística

Una de las herramientas que más impactó mi vida fue la Programación Neuro-Lingüística (PNL).

La PNL cambió mi vida radicalmente.

Me permitió entender cómo funcionan nuestros pensamientos, nuestras emociones y nuestros patrones de comportamiento.

Aprendí que muchas de las limitaciones que creemos tener en realidad son patrones mentales que podemos transformar.

Cuando cambias tu manera de pensar, cambias tu manera de actuar.

Y cuando cambias tus acciones, cambias tu vida.

11

MOMENTOS DE REVELACIÓN EN MI VIDA

Lo que estás a punto de leer no es teoría. No es un concepto. No es una idea bonita sobre el crecimiento personal.

Es experiencia real.

Los capítulos siguientes contienen tres momentos que marcaron un antes y un después en mi vida. Fueron tres sesiones que no sólo cambiaron mi forma de pensar, sino la manera en la que me veo, me siento y actúo.

Porque la transformación verdadera no ocurre en un solo instante. Ocurre en capas. Ocurre cuando algo dentro de ti se rompe, se expande y finalmente se sana.

Primero, tuve que enfrentarme a mí misma y reconocer lo que me estaba deteniendo.

Después, aprendí a abrir mi mente a una visión más grande de lo que creía posible.

Y finalmente, entendí que no podía avanzar completamente si no sanaba lo que llevaba dentro.

Este proceso no fue cómodo.

No fue rápido; pero fue necesario.

Tal vez en estas páginas te veas reflejado. Tal vez reconozcas emociones, pensamientos o momentos que también has vivido.

Si eso sucede, no es coincidencia. Es una invitación.

Una invitación a mirar hacia adentro con honestidad. A permitirte crecer más allá de tus propias creencias.

Y, sobre todo, a darte el permiso de sanar.

Porque lo que estás por leer no es sólo mi historia. También puede ser el inicio de la tuya.

Sesión 1

La primera semana en mi transformación en 2024 fue dolorosa. Y lo repito así, con toda intención: fue dolorosa. Porque cuando decides mirarte de verdad, sin filtros, sin excusas y sin distracciones, no siempre te gusta lo que encuentras.

Ese día no fue un día cualquiera. Fue un día de autodescubrimiento. De esos que no se olvidan, porque marcan un antes y un después. Fue el día en que dejé de señalar hacia afuera y empecé a mirar hacia adentro.

Me enfrenté a mí misma.

- A mis miedos.
- A mis sueños.
- A mis debilidades.

Y en medio de todo eso, también sentí algo que no esperaba: una emoción profunda, una especie de certeza silenciosa de que todo lo bueno que había imaginado para mi vida, sí era posible. Pero para llegar ahí, primero tenía que atravesar lo que estaba evitando.

Las emociones estaban mezcladas. Había entusiasmo, pero también tristeza. Había esperanza, pero también vergüenza. Porque cuando decides transformarte, no sólo descubres tu luz; también descubres dónde te has estado saboteando.

Durante la sesión con Verónica, algo dentro de mí comenzó a romperse. Y no fue un rompimiento negativo; fue un rompimiento necesario. Como cuando algo se quiebra para poder reconstruirse mejor.

Yo llegué hablando de metas. De producción. De querer ser Top Producer. De números, de resultados, de logros. De sueños grandes. Pero en realidad, lo que necesitaba no era una estrategia.

Era honestidad.

Me di cuenta de que muchas decisiones que había tomado en los últimos años no venían de la fe; venían del miedo. Miedo a fallar. Miedo a ser juzgada. Miedo a perder. Miedo a no ser suficiente.

Y ese fue uno de los descubrimientos más fuertes de esa sesión: había un bloqueo en mi corazón.

No era algo visible. No era algo que alguien más pudiera señalar fácilmente. Pero yo lo sentía. Era una desconexión profunda conmigo misma. Como si hubiera construido una pared invisible para protegerme del dolor; pero esa misma pared estaba impidiendo que yo floreciera.

Muchas veces creemos que protegernos es cerrarnos. Que evitar el dolor es la solución. Pero lo que no entendemos es que al cerrarnos, también bloqueamos el amor, el crecimiento, la expansión.

Otro descubrimiento que me confrontó profundamente fue la culpa.

Culpa por dejar a mi hija Sofía con su papá o con alguien más mientras yo trabajaba. Culpa por no cocinar todos los días comida fresca. Culpa por querer crecer. Culpa por querer más.

Y esa última fue la más fuerte.

Culpa por querer más.

En mi mente existía una historia que había aceptado como verdad: "Si una buena madre está presente todo el tiempo, entonces cuando yo no estoy, estoy fallando."

Y desde esa creencia, inconscientemente, me frenaba. Me autosaboteaba. Me limitaba. Porque cada vez que intentaba avanzar, esa voz interna me decía que estaba haciendo algo mal.

Ese día entendí que muchas veces no nos detienen las circunstancias; nos detienen las historias que nos contamos.

También tuve que enfrentar algo incómodo en mi matrimonio. Me di cuenta de que no le compartía a mi esposo mis planes hasta el último momento. Sabía que eso le incomodaba. Sabía que no era justo. Y aun así lo hacía.

Era mi manera de proteger mi independencia, pero al mismo tiempo estaba afectando nuestra conexión.

Y entonces apareció uno de los miedos más profundos que tenía, uno que ni siquiera había reconocido conscientemente:

Si me convierto en una Top Producer, ¿lo perderé?

Temía que crecer profesionalmente me volviera demasiado fuerte, demasiado independiente, demasiado "masculina" mentalmente. Temía convertirme en alguien diferente. Temía que mi expansión tuviera un costo.

Ese miedo me estaba paralizando. Porque, aunque una parte de mí quería crecer, otra parte tenía miedo de lo que ese crecimiento implicaba.

Fue en ese momento cuando Verónica me compartió una metáfora que cambió mi perspectiva: la metáfora de la pelota.

Me explicó que muchas veces vivimos reaccionando a lo que otros nos dicen, a sus críticas, a sus juicios, a sus inseguridades proyectadas en nosotros. Es como si constantemente estuviéramos recibiendo "pelotas" emocionales que no nos pertenecen.

Pero ese día entendí algo liberador: yo puedo decidir no recibirlas.

Puedo responder internamente:

"No recibo tu proyección, y aun así te amo."

Y eso cambió todo. Porque dejé de cargar con lo que no era mío.

Pero el momento más profundo de esa sesión llegó durante una visualización.

En ese silencio interno, en ese espacio donde ya no hay ruido externo, sentí una respuesta clara. Como si el Creador me hablara directamente al corazón:

"Florece y sé tú misma. Ábrete a la vida y a todo lo que está preparado para ti."

Y entonces lo vi.

Una flor gigante. Una peonía completamente abierta, del tamaño de mi estatura. Se mecía suavemente, como en cámara lenta, con una mezcla de rosado suave y lila delicado.

Era hermosa.

Era fuerte.

Era libre.

Esa flor era yo.

Durante mucho tiempo me había sentido diferente. Especial. Como si algo dentro de mí quisiera emerger, crecer, expandirse; pero no sabía cómo permitirlo.

Y en esa sesión entendí algo que me dolió aceptar, pero que necesitaba ver:

No era el mundo el que me estaba bloqueando.

Era yo.

- Yo me estaba frenando con culpa.
- Yo me estaba frenando con miedo.
- Yo me estaba frenando intentando ser perfecta.

Esa sesión no fue sobre producción. Fue sobre identidad.

No fue sobre estrategia. Fue sobre liberación.

Ese día entendí que no tengo que elegir entre ser madre y ser exitosa. No tengo que elegir entre ser femenina y ser poderosa. No tengo que hacerme pequeña para que otros se sientan cómodos.

Entendí que puedo ser todo lo que soy sin pedir permiso.

Y aunque ese día fue intenso, confrontador y emocionalmente fuerte, también fue el inicio de algo nuevo. Porque cuando rompes una versión de ti creas espacio para construir una nueva.

Esa primera sesión fue el despertar.

Pero lo que no sabía en ese momento es que ese despertar apenas era el comienzo.

Porque cuando empiezas a verte con verdad ya no puedes volver a ser quien eras. Y lo que viene después no es sólo cambio; es expansión.

12

ABRIR MI MENTE A UNA VIDA MÁS GRANDE

Sesión 2

En mi segunda semana de *breakthrough*, algo dentro de mí comenzó a expandirse. No fue algo externo ni visible de inmediato, sino una sensación profunda, como si mi mente se abriera a una realidad que antes no alcanzaba a ver. Ese día, durante mi sesión, tuve un descubrimiento maravilloso: puedo llevar una vida productiva y, al mismo tiempo, estar centrada y en calma.

Durante mucho tiempo creí que tenía que elegir entre avanzar o descansar, entre crecer profesionalmente o estar en paz. Vivía con la idea de que todo tenía un costo emocional y que, para lograr más, debía sacrificar mi tranquilidad. Pero ese día comprendí algo que transformó mi perspectiva por completo: no tengo que elegir, puedo tener ambas cosas. Puedo aprender a manejar las tareas del hogar sin sentirme abrumada y, al mismo tiempo, crecer profesionalmente. Puedo vivir buscando el balance, no el sacrificio constante.

En una conversación con Verónica, compartí con ella una imagen que había llegado a mi mente: verme sosteniendo la portada de mi libro. Ella me dijo una frase que se quedó grabada en mi corazón: "Si mi visión no es lo suficientemente grande, no voy a emocionarme y de verdad sentirla." Esa frase me hizo detenerme y reflexionar profundamente. Entendí que mi libro no es sólo un sueño personal, es un mensaje, una huella, un legado para mis hijas. Es algo que permanecerá más allá de mí. En ese momento tomé una decisión firme: voy a seguir adelante hasta terminarlo y publicarlo, sin importar el tiempo ni los retos.

También descubrí algo poderoso: puedo elegir cómo empezar cada día.

Aprendí a despertar en paz, con intención, viendo cada mañana como una nueva oportunidad, no desde la prisa, sino desde la presencia. Entendí que mi calendario no tiene que controlarme; yo puedo diseñarlo de una manera más inteligente, más estratégica y más liberadora. A través de pequeños ajustes, decisiones conscientes y organización con propósito, puedo acercarme paso a paso a convertirme en una Top Producer, pero más importante aún, en la mejor versión de mí misma.

Cuando Verónica me explicó los números, algo hizo clic en mi mente. Por primera vez no lo vi como algo lejano o imposible, sino como una realidad alcanzable. Entendí cuánto puedo generar si me organizo, si hago bien mi trabajo y si me mantengo conectada conmigo misma. La idea de alcanzar un volumen semanal de ventas de un millón de dólares encendió algo dentro de mí. Sentí emoción, energía y una necesidad profunda de acción. Me dieron ganas de salir a prospectar, de tocar puertas, de construir esa realidad con mis propias manos. Pensar en ganar entre $500,000 y un $1,000,000 al año expandió mi mente de una manera que nunca antes había experimentado. Porque ya no era sólo dinero, era libertad, tiempo y calidad de vida. Era la posibilidad real de transformar mi vida y la de mi familia.

También entendí que la transformación no sólo vive en las grandes metas, sino en lo cotidiano. Aprendí cosas simples, pero profundamente poderosas: cómo crear un sistema para hacer el supermercado sin estrés, cómo organizar mi tiempo con intención, cómo diseñar horarios que beneficien a mi esposo y a mi hija, y cómo cumplir lo que prometo a mis prospectos y clientes. Porque cumplir tu palabra no es un detalle, es lo que construye tu credibilidad. Y también comprendí algo importante: cuando no cumples, aparece una emoción silenciosa, la culpa, que pesa y te desconecta de tu poder. Por eso, cada promesa cumplida no sólo construye confianza hacia afuera, sino que fortalece tu confianza interna.

Algo tan simple como regar mi jardín se transformó en un momento de conexión profunda conmigo misma. Dejó de ser sólo una tarea para convertirse en un recordatorio: yo soy mi propio jardín. Así como las plantas necesitan agua, luz y cuidado constante para crecer, yo también necesito nutrirme, atenderme y darme tiempo. Cuando riego mi jardín, no sólo estoy cuidando algo externo, estoy practicando el acto de cuidarme a mí misma. Estoy eligiendo pausar, estar presente y dedicarle atención a lo que vive y crece, tanto fuera como dentro de mí.

Un jardín no florece de la noche a la mañana. Requiere constancia, paciencia y amor. Hay días en los que no se ven cambios, pero eso no significa que no esté pasando nada. Bajo la superficie, las raíces se están fortaleciendo. Lo mismo ocurre conmigo. Cada pequeño hábito, cada momento de conexión, cada decisión consciente, está construyendo una versión más fuerte, más sana y más plena de mí misma.

También entendí que, así como un jardín necesita ser podado, yo también necesito soltar lo que ya no me sirve. Pensamientos negativos, creencias limitantes, cargas emocionales. Todo eso son malezas que, si no se atienden, terminan quitándole espacio a lo que sí quiero que crezca en mi vida. Y así como no puedo regar el jardín una sola vez y esperar que se mantenga hermoso para siempre, tampoco puedo cuidarme sólo cuando me siento mal. El autocuidado no es un lujo ni algo ocasional; es una práctica diaria, un compromiso conmigo misma.

Hoy miro esta segunda semana con profundo agradecimiento. Si la primera fue sobre romper bloqueos internos, esta segunda fue sobre expandir mi visión.

Hubo un momento en mi vida en el que empecé a darme permiso de pensar diferente, de creer que existía algo más grande para mí: Más paz, más propósito, más conexión, más verdad.

Parte de esa expansión comenzó cuando conocí a Glenn Morshower, actor consolidado en Hollywood y en la pantalla chica, y mi maestro de actuación por unos años.

Sus clases no solamente hablaban de actuación; hablaban de presencia, de energía, de autenticidad y de la capacidad que tiene un ser humano de impactar profundamente a otros simplemente siendo real.

Recuerdo sentir que algo dentro de mí despertaba cada vez que lo escuchaba hablar. Era como si me recordara que no vine a esta vida a esconderme, sino a expresarme plenamente y conectar desde el corazón.

A veces abrir la mente no significa aprender más. Significa desaprender el miedo, las máscaras y las limitaciones que nos hicieron creer que debíamos ser alguien diferente para ser aceptados. Cuando empiezas a vivir desde tu verdad, tu vida entera comienza a expandirse.

La vida que deseas no empieza cuando todo esté perfecto, empieza cuando decides ver más grande. Empieza cuando te permites creer que puedes ser productiva y estar en paz. Empieza cuando tu visión es tan grande que te emociona, te mueve y te transforma. Porque al final, no se trata sólo de cambiar tu realidad, se trata de expandir quién eres capaz de ser. Y todo comienza con una decisión: abrir tu mente a una vida más grande.

Porque cuando tu mente se expande, tu vida ya no puede regresar a lo que era. Y lo que viene después no es sólo crecimiento; es transformación en acción.

13

SANACIÓN Y TRANSFORMACIÓN

Sesión 3

Hubo un viernes que marcó otro nivel en mi proceso de transformación.

Ese día entendí algo que muchas veces evitamos aceptar: hay heridas en el alma que no sanan solas con el tiempo.

Pueden pasar años. Puedes trabajar en ti. Puedes leer libros, asistir a seminarios, crecer profesionalmente y, aun así, ciertas heridas siguen abiertas.

Yo lo descubrí de frente.

En un ejercicio donde debía pensar en personas que podrían estar a mi lado incondicionalmente, la única persona que vino a mi mente fue mi mamá.

Pero ella ya no está físicamente en este mundo.

Una canción detonó un llanto que llevaba años guardado. Lloré por no haber valorado completamente a la persona que más me amó en esta vida.

Creí que la tendría para siempre.

Después de liberar tanto dolor, al día siguiente mi esposo me sorprendió con un video creado con inteligencia artificial donde mi mamá y yo nos abrazábamos.

Ese abrazo simbólico me hizo entender que no había vivido correctamente mi proceso de duelo.

No me había dado el tiempo de sentir.

Todavía hay emociones dentro de mí.

Pero ahora las enfrento.

Si algo quiero que aprendas de mi experiencia es esto:

- No ignores tus heridas.
- No huyas del dolor.
- No postergues tu sanación.

Porque lo que no sanas, te dirige.

Y lo que enfrentas, te libera.

- Hoy decido ser la causa en mi negocio y en mi vida.
- Hoy decido asumir mi responsabilidad total.
- Hoy decido sanar para poder liderar.

Y llevaré mi negocio —y mi vida— con altos niveles de integridad.

Tengo muchísimo que aprender.

Y, por primera vez, no me intimida.

Me emociona.

Y si tú estás leyendo esto, quiero decirte algo:

- Todavía estás a tiempo de sanar.
- Todavía estás a tiempo de asumir tu poder.
- Todavía estás a tiempo de convertirte en la causa de tu vida.

Tu dolor no te define. Pero tu decisión de enfrentarlo, sí.

Porque sanar no es olvidar; es dejar de cargar lo que ya no te corresponde.

14

LA MADRIGUERA DEL CONEJO: CUANDO UN PENSAMIENTO SE CONVIERTE EN CAÍDA

En la historia de *Alicia en el país de las maravillas*, Alicia persigue a un conejo blanco y termina cayendo por su madriguera. Lo que comienza como una simple curiosidad se convierte en una caída cada vez más profunda, donde todo parece volverse extraño y difícil de controlar.

La imagen de caer por la madriguera del conejo es poderosa porque representa ese momento en el que algo pequeño nos lleva, sin darnos cuenta, a un lugar completamente diferente al que esperábamos.

Algo muy parecido ocurre con nuestros pensamientos.

A veces todo empieza con una idea aparentemente pequeña. Pero si no la detenemos a tiempo, esa idea puede arrastrarnos cada vez más profundo en una cadena de emociones, actitudes y decisiones que terminan afectando nuestra realidad.

Algo que se me quedó profundamente grabado fue la metáfora de la madriguera del conejo.

La madriguera del conejo no es un problema grande. No es una tragedia, ni un evento dramático que puedas identificar fácilmente como algo peligroso. Tampoco es un fracaso monumental que te sacuda de inmediato. Es, en realidad, algo mucho más sutil y, por eso mismo, mucho más poderoso: Es un pensamiento pequeño que no detienes a tiempo.

Y ahí es donde radica el verdadero peligro. Porque lo pequeño pasa desapercibido. No llama la atención, no genera alarma, no parece urgente. Simplemente aparece y lo dejas estar.

No te das cuenta cuando empieza. No lo ves como una amenaza. Lo justificas. Lo normalizas. Lo dejas pasar como si no tuviera importancia.

Es esa frase interna que parece inocente, casi insignificante: "No creo que pueda", "No soy lo suficientemente bueno", "¿Y si fracaso?", "Mejor no lo intento". Pensamientos que parecen pasajeros, pero que, si no los cuestionas, comienzan a echar raíces.

Y en ese momento, sin darte cuenta, ya diste el primer paso hacia abajo.

Porque ese pensamiento, al no ser detenido, empieza a crecer. Se repite. Se instala. Se fortalece. Y lo que al principio era sólo una duda poco a poco se convierte en una creencia.

Y cuando algo se convierte en creencia, deja de ser una simple idea y comienza a influir directamente en cómo te sientes.

Empiezas a experimentar miedo, inseguridad, ansiedad, una duda constante que te acompaña en cada decisión. Ya no es sólo un pensamiento aislado, ahora es una emoción que se vuelve parte de tu día a día.

Pero no termina ahí.

Esas emociones comienzan a moldear tu actitud. Y sin darte cuenta, empiezas a postergar, a evitar situaciones que te incomodan, a justificarte, a compararte con otros. Empiezas a actuar desde la duda, no desde tu potencial.

Y esa actitud inevitablemente se traduce en comportamiento.

Dejas pasar oportunidades. No haces esa llamada importante. No empiezas ese proyecto que llevas tiempo pensando. No cumples contigo mismo. Y no porque no puedas, sino porque ya estás actuando desde una creencia limitante.

Y entonces llegan los resultados.

Resultados que no reflejan quién eres realmente, ni de lo que eres capaz, sino lo que temes. Resultados que parecen confirmar lo que pensabas desde el inicio.

Y ahí es donde el ciclo se cierra.

Porque entonces dices: "¿Ves? Tenía razón. No soy capaz."

Y sin darte cuenta, construyes una realidad basada en un pensamiento que nunca cuestionaste.

Así funciona la madriguera del conejo. No es evidente. No es dramática al inicio. Es silenciosa. Es sutil. Es interna. Pero tiene la capacidad de llevarte muy lejos, en la dirección equivocada.

Se manifiesta cuando tienes una oportunidad frente a ti y decides no intentarlo por miedo a fallar. Cuando dices que quieres crecer, pero procrastinas y rompes tus propios compromisos. Cuando eliges culpar a las circunstancias, al pasado o a otras personas, en lugar de asumir responsabilidad por tu vida.

También aparece disfrazada de perfeccionismo, haciéndote creer que "hasta que no esté perfecto, no lo hago". O en forma de comparación constante: "ellos son mejores que yo". O como culpa permanente: "todo es mi culpa". O esa frase tan peligrosa que parece definitiva: "yo soy así".

Pero aquí hay una verdad que puede cambiar tu vida: no eres tus pensamientos.

Ese fue uno de los descubrimientos más importantes en mi proceso. Durante mucho tiempo creí que todo lo que pensaba era verdad. Que si lo sentía, entonces era real. Que si dudaba, era porque no podía.

Pero entendí algo que lo transformó todo: no todo lo que piensas es verdad, y no todo lo que sientes define quién eres.

Los pensamientos son sólo eso: pensamientos. Aparecen. Se repiten. Se intensifican. Pero no tienen poder, hasta que decides creerlos sin cuestionarlos.

Y ahí está la clave.

Interrumpir el patrón.

Porque la madriguera del conejo no desaparece. Siempre habrá pensamientos, dudas, miedos. Eso es parte de ser humano. Pero cuando los reconoces, dejan de dominarte.

Cuando eres consciente, recuperas tu poder.

Empiezas a notar ese primer pensamiento. Esa primera duda. Ese primer "no puedo". Y en lugar de seguirlo automáticamente, haces una pausa.

Y te preguntas con honestidad: ¿esto es verdad, o es sólo una historia que me estoy contando?

Esa pausa lo cambia todo.

Porque en ese espacio es donde recuperas el control. Es donde decides si sigues cayendo, o si eliges una dirección diferente.

Aprendí a reconocer cuándo estoy a punto de caer. A identificar ese momento inicial en el que todo puede desviarse. Y entendí que no necesito llegar hasta el fondo para reaccionar.

- Puedo detenerme antes.
- Puedo elegir distinto.
- Puedo cambiar la dirección.

Y eso es poder.

Porque la verdadera transformación no ocurre cuando ya estás en el fondo. Ocurre cuando desarrollas la consciencia para no caer.

Cuando dejas de vivir en automático y empiezas a vivir con intención.

Cuando entiendes que no eres víctima de tus pensamientos, eres el observador de ellos.

Y desde ese lugar, puedes elegir.

- Elegir no caer.
- Elegir avanzar.
- Elegir construir una realidad diferente.

15

LA MUJER MARAVILLA SIN CAPA

Durante muchos años creí que ser fuerte significaba no detenerme. Creí que ser una "Mujer Maravilla" era poder con todo: el negocio, la familia, las responsabilidades, las metas, los sueños; y hacerlo, además, con una sonrisa impecable. Pensé que el éxito se medía por cuántas cosas podía cargar sin quejarme, por cuántas veces podía decir "yo me encargo" sin mostrar cansancio.

Pero con el tiempo entendí algo importante: esta presión no la viven sólo las mujeres. Muchos hombres también crecieron creyendo que debían cargarlo todo en silencio, resolver siempre, no quebrarse, no pedir ayuda y aparentar fortaleza incluso cuando por dentro se sentían perdidos.

Quizás por eso tantas personas viven agotadas emocionalmente: porque aprendimos a sobrevivir siendo fuertes para todos, menos para nosotros mismos.

No tenemos capa.

No tenemos efectos especiales.

Pero sí cargamos expectativas invisibles.

La expectativa de ser profesionales impecables, de no equivocarnos, de cumplir siempre. La expectativa de estar emocionalmente disponibles para otros, incluso cuando nosotros mismos nos sentimos agotados o vacíos. La expectativa de sostener, resolver y seguir adelante aun cuando por dentro necesitamos descansar.

Y esas expectativas pesan más que cualquier escudo.

Porque no vienen de un solo lugar. Vienen de la familia, de la sociedad, de la cultura y, muchas veces, de nosotros mismos. Nos convertimos en nuestras propias exigencias. Nos empujamos más allá de nuestros límites sin darnos permiso para detenernos.

Si yo tuviera el lazo de la verdad, ese que en los cómics obliga a decir lo que realmente sientes, quizá me habría obligado a reconocer cosas que durante años callé:

La verdad es que estoy cansada.

La verdad es que a veces tengo miedo.

La verdad es que no siempre sé lo que estoy haciendo.

La verdad es que también necesito apoyo.

Pero muchas veces confundimos fortaleza con silencio. Creemos que ser fuertes significa no mostrar vulnerabilidad, no pedir ayuda y no detenernos jamás. Pensamos que, si soltamos un momento, todo se derrumbará.

Y no es así.

Aprendí algo que transformó mi manera de verme: la verdadera fortaleza no nace de aparentar perfección, sino de ser honesta conmigo misma. Honesta con lo que siento, con mis límites y con mis necesidades.

Porque la verdadera persona fuerte no es la que nunca cae. Es la que cae y decide levantarse con más fuerza. Es la que aprende de cada experiencia. Es la que se reconstruye sin dejar de ser ella misma.

Y esto no es sólo una idea; es algo que hemos visto reflejado en personas extraordinarias a lo largo de la historia.

Piensa en Sor Juana Inés de la Cruz. En una época donde a las mujeres se les negaba el acceso al conocimiento, ella decidió aprender, cuestionar y escribir.

No fue una mujer "perfecta" en el sentido tradicional. Fue una mujer valiente. Una mujer que se atrevió a pensar, a expresarse y a romper límites, aun cuando eso implicaba enfrentar críticas y rechazo.

Y quizás ahí comienza el verdadero despertar de una persona: cuando deja de vivir tratando de encajar en lo que otros esperan de él o ella y comienza a escuchar su propia voz.

Porque una persona que piensa por sí misma se vuelve imposible de controlar.

Una persona que sana despierta. Y una persona que despierta transforma todo a su alrededor.

Muchas veces creemos que ser fuertes significa cargar con todo, callar lo que sentimos y seguir adelante, aunque por dentro nos sintamos rotos. Pero la verdadera fuerza no está en aparentar perfección. Está en tener el valor de reconstruirte, cuestionarte y convertirte en quien realmente eres.

Eso también es ser extraordinario.

No por aparentar perfección, sino por vivir con consciencia.

O piensa en Marie Curie, quien en un mundo dominado por hombres no solo se abrió camino en la ciencia, sino que dejó un legado que cambió la historia. No lo hizo porque fuera invencible; lo hizo porque permaneció fiel a su propósito incluso en medio de las dificultades.

Y podríamos mencionar muchas más personas. Personas que enfrentaron sus propios retos con valentía. Personas que no lo sabían todo, pero decidieron avanzar de todos modos.

Incluso Frida Kahlo, de quien hablaremos más adelante, es un ejemplo poderoso. No fue una mujer sin dolor; fue una mujer que transformó su dolor en expresión, arte e identidad. Su fuerza no estuvo en evitar el sufrimiento, sino en convertirlo en algo significativo.

Todas ellas tenían algo en común: no buscaban ser perfectas; buscaban ser auténticas.

Y ahí está la verdadera diferencia.

El verdadero poder no está en hacerlo todo sola o solo. Está en saber delegar, en pedir ayuda, en decir "no" cuando es necesario y en darte permiso de pausar sin culpa. Está en reconocer cuándo necesitas descansar, cuándo necesitas apoyo y cuándo necesitas elegirte a ti también.

Está en entender que tu bienestar no es un lujo, sino una prioridad.

Porque incluso las personas más fuertes necesitan cuidado.

Durante mucho tiempo creí que mi valor estaba en lo que hacía, en lo que lograba y en lo que producía. Pero entendí algo que me liberó profundamente: mi valor no depende de mi productividad.

Mi valor no disminuye porque descanse.

Mi valor no desaparece si me equivoco.

Mi valor ya existe dentro de mí.

La verdadera fortaleza está en permitirte ser humano; en reconocer tu cansancio sin castigarte por ello; en sentir miedo y aun así avanzar; en dudar, aprender y volver a intentarlo.

No estamos aquí para ser perfectos. Estamos aquí para ser valientes.

Valientes para ser auténticos; valientes para soltar lo que no nos corresponde; valientes para elegirnos sin culpa.

Porque al final, la verdadera maravilla no está en hacerlo todo; está en vivir desde la verdad, la autenticidad y el amor propio.

Y cuando entiendes eso, dejas de intentar convertirte en una versión perfecta de ti mismo y comienzas a construir una versión real, libre y consciente.

16

FRIDA: CÓMO CONVERTIR EL DOLOR EN COLOR

Dicen que la verdadera fuerza no se demuestra cuando todo va bien, sino cuando la vida te obliga a reinventarte. Y hay historias que encarnan esta verdad de una manera tan profunda que se convierten en lecciones para todos nosotros.

Frida Kahlo tenía apenas 18 años cuando un accidente de autobús cambió su destino para siempre. Su cuerpo quedó fracturado, su vida dio un giro inesperado y pasó meses postrada en una cama, acompañada de un dolor físico que la seguiría durante toda su vida. Ese mismo accidente también afectó su capacidad de ser madre, enfrentándola a una de las pérdidas más profundas que una mujer puede experimentar.

Cualquiera podría haber visto en esa historia el final de sus sueños.

Pero su madre tomó una decisión sencilla y poderosa: mandó colocar un espejo en el techo sobre su cama y adaptó un caballete especial para que pudiera pintar acostada. Ese gesto, aparentemente pequeño, abrió una puerta inmensa.

Fue ahí donde Frida comenzó a transformar su sufrimiento en arte.

Autorretrato tras autorretrato, empezó a mirarse a sí misma, no sólo físicamente, sino emocionalmente. Cada pincelada se convirtió en una forma de procesar su dolor, de expresarlo y de darle sentido. No negó su herida; la transformó en identidad.

Frida no podía cambiar sus circunstancias. Pero sí podía cambiar su actitud.

Y esa elección lo cambió todo.

Porque la vida, en algún momento, nos presenta montañas que parecen imposibles de escalar.

Hace algunos años, yo también enfrenté una de esas montañas. Decidí estudiar para obtener mi licencia de bienes raíces. En teoría, era una meta emocionante; pero en la práctica, cuando vi la cantidad de libros, lecciones y exámenes que tenía por delante, me sentí completamente abrumada.

Era como estar al pie de una montaña enorme, mirando hacia arriba sin saber por dónde empezar.

Mi mente empezó a llenarse de dudas: "Es demasiado", "no voy a poder", "esto no es para mí". Y en ese momento entendí que muchas veces no nos detiene la falta de capacidad, sino la forma en la que interpretamos el reto.

Fue entonces cuando recordé una frase que cambió mi enfoque: ¿Cómo te comes un elefante entero? Una mordida a la vez.

Esa frase, tan simple, se convirtió en una estrategia.

Dejé de mirar todo lo que faltaba. Dejé de enfocarme en la magnitud del reto. Y decidí concentrarme únicamente en el siguiente paso; no en el examen final, no en todo el material, no en el resultado, sino en lo que tenía frente a mí ese día.

Un día a la vez.

Y así, poco a poco, lo que parecía imposible comenzó a volverse posible.

Con el tiempo entendí que avanzar no es cuestión de motivación constante; es cuestión de dirección, disciplina y entorno. Necesitas un mapa claro. Necesitas tomar acción diaria. Necesitas rodearte de personas que crean en ti.

Pero, sobre todo, necesitas aprender a reinterpretar tu historia.

Porque aquí es donde todo cambia.

Frida no eligió el accidente. No eligió el dolor. No eligió las pérdidas. Pero sí eligió el pincel.

Y esa elección convirtió su historia en arte.

En Japón existe un arte llamado Kintsugi. Cuando una vasija se rompe, no la tiran, no la esconden ni intentan disimular sus grietas; la reparan uniendo cada una de sus piezas con oro. Las marcas no se ocultan; se resaltan, se honran y se convierten en parte de su belleza.

Y lo más poderoso es esto: la pieza no pierde valor; se vuelve más valiosa, más única y más fuerte, porque ahora su historia está visible, transformada en arte.

Y así eres tú.

Tus heridas no te hacen menos. Tus caídas no te quitan valor. Los momentos que te rompieron no son prueba de debilidad; son evidencia de que sigues aquí, de que sigues de pie y de que eres capaz de reconstruirte.

Reconstruirte es hacer tu propio Kintsugi.

Es tomar cada grieta, cada herida y cada experiencia que dolió, y unirla con amor, con consciencia y con aprendizaje. Es dejar de esconder lo que viviste y empezar a honrarlo como parte de quien eres hoy.

Es un proceso íntimo. A veces silencioso. A veces incómodo. A veces doloroso. Pero también profundamente transformador.

Porque cuando dejas de ver tus heridas como algo que te define negativamente, y empiezas a verlas como parte de tu fortaleza, algo cambia dentro de ti.

Dejas de avergonzarte y empiezas a honrarte.

Dejas de esconderte y empiezas a reconocerte.

Y entonces entiendes algo poderoso: el dolor no es el final; puede ser el inicio de algo más grande.

Tú y yo no siempre podemos elegir lo que nos pasa. No podemos evitar todos los golpes, todas las caídas ni todas las pruebas. Pero siempre podemos elegir qué hacer con eso.

Podemos quedarnos en el dolor o podemos transformarlo en propósito. Podemos ver la montaña o podemos dar el primer paso.

La pregunta no es si la vida ha sido difícil.

La pregunta es:

¿Qué vas a crear con lo que te ha pasado?

Porque en esa respuesta está tu poder; no en lo que viviste, no en lo que dolió, no en lo que se rompió, sino en lo que decides hacer a partir de ahora.

Puedes quedarte en la herida o transformarla en fuerza. Puedes mirar atrás o usarlo como impulso para avanzar.

Puedes vivir desde el dolor, o aprender a convertir ese dolor en color.

Al final, todo se reduce a una decisión.

No eres lo que te rompió.

Eres lo que decides crear con eso.

Y cuando eliges convertir tu dolor en color, tu historia deja de doler y empieza a brillar.

17

LOS REGALOS INCÓMODOS QUE TE HACEN CRECER

Hay comentarios que se sienten como una caricia… y hay otros que se sienten como una bofetada al ego. La diferencia no está en las palabras, sino en la forma en la que decidimos recibirlas.

Durante mucho tiempo creí que el crecimiento venía únicamente del esfuerzo, la disciplina y la preparación. Y sí, todo eso es importante; son pilares necesarios. Pero existe un ingrediente que incomoda, que duele y que muchas veces evitamos y que, sin embargo, tiene el poder de acelerar nuestra transformación como nada más puede hacerlo: la evaluación, la retroalimentación, el *feedback*.

No hablo de cualquier opinión. Hablo de la retroalimentación que viene de personas que han recorrido el camino, de expertos en aquello en lo que tú estás creciendo o de alguien que genuinamente desea verte avanzar. Y esta no aparece sólo en escenarios formales, ni únicamente en un grupo de oratoria o en tu carrera profesional. Aparece en la vida, porque la vida también evalúa.

Y si hoy hablo de este tema, es porque hubo un espacio donde esta lección se volvió imposible de ignorar para mí: la oratoria.

No porque hablar en público fuera el objetivo, sino porque ese escenario se convirtió en un espejo. Un lugar donde no podía esconderme, donde cada gesto, cada palabra y cada intención quedaban expuestos. Ahí fue donde comencé a entender que la retroalimentación no es cómoda, pero es necesaria.

Hubo un momento en el que mi ego gritó más fuerte que mi propia voz interior. ¿Alguna vez te has preparado tanto para algo que estabas convencida de que sería un éxito? Inviertes tiempo, cuidas cada detalle, organizas tus ideas, practicas una y otra vez. Te imaginas el aplauso, el reconocimiento, el momento perfecto en el que todo fluye y dices: "Esta vez sí, lo hice increíble".

Y aunque los nervios estén presentes, lo das todo.

Terminas con la sensación de que fue brillante… hasta que llega la retroalimentación.

Entonces escuchas frases como: "Tu mensaje era bueno, pero no lo sentí", "Tu cierre fue apresurado", "Tus movimientos distraían". Y mientras por fuera asientes con educación, por dentro algo se rompe.

Tu ego se activa, cuestiona, se defiende. Te preguntas si no fue suficiente, si hiciste algo mal, si todo tu esfuerzo no valió lo que pensabas. Y si además no hay reconocimiento, si no ganas o nadie valida lo que tú sentías que fue extraordinario, el diálogo interno puede volverse cruel. Dudas de ti, de tu capacidad, de tu lugar.

En ese instante, el comentario incómodo deja de ser sólo un comentario, y se convierte en una prueba de carácter.

Pero con el tiempo entendí algo más profundo: nunca se trató sólo de hablar frente a un público. Se trataba de aprender a escuchar. De aprender a recibir. De aprender a verme a través de los ojos de otros.

Porque lo que sucede en un escenario también sucede en la vida.

Todos, de alguna forma, estamos expuestos. Siendo observados. Siendo evaluados. En una presentación, en una conversación, en una decisión, en una relación.

Y fue ahí donde comprendí que la retroalimentación no era sólo una herramienta para hablar mejor; era una herramienta para convertirme en una mejor versión de mí.

Hay una imagen que cambió profundamente mi forma de entender todo esto: la formación de una perla.

Una perla nace cuando un grano de arena entra en una ostra. Esa pequeña partícula genera irritación; es incómoda, molesta, invasiva. La ostra podría intentar expulsarla, pero no lo hace. En lugar de eso, comienza a cubrirla capa tras capa con nácar, una sustancia brillante que protege su interior. Con el tiempo, esa molestia se transforma en algo hermoso y valioso: una perla.

Así es la retroalimentación.

Llega como una incomodidad que irrita el ego y sacude nuestra narrativa interna. Pero si en lugar de rechazarla decidimos cubrirla con humildad, reflexión y aprendizaje, puede convertirse en crecimiento.

El problema nunca fue el grano de arena. El problema es nuestra resistencia a aceptarlo.

Recuerdo un comentario que marcó un antes y un después en mi vida. Me dijeron: "Estás hablando desde la cabeza, no desde el corazón".

Por fuera respondí con calma: "Gracias por decírmelo". Pero por dentro, mi mente estaba en desacuerdo. Yo había preparado todo: datos, estructura, lógica, argumentos. Me había esforzado por ser clara, profesional y convincente.

Entonces, ¿cómo era posible que no estuviera conectando?

Con el tiempo entendí algo incómodo, pero profundamente liberador: muchas veces nos enfocamos tanto en parecer preparadas, inteligentes y capaces que olvidamos lo más importante: conectar. Queremos impresionar, demostrar, validar que somos suficientes; y en ese intento dejamos fuera nuestra humanidad.

Esa retroalimentación me obligó a hacerme una pregunta que lo cambió todo:

¿Estoy compartiendo información, o una verdad que conecta, que se siente y que transforma?

Esa pregunta no sólo cuestionó mi forma de comunicarme, cuestionó mi forma de presentarme ante el mundo. Me hizo detenerme y observar desde dónde estaba hablando realmente.

Porque una cosa es decir lo correcto, y otra muy distinta es decir algo que realmente toca, que mueve, que deja huella.

A partir de ahí, entendí que no se trataba de sonar perfecta, sino de ser real. De permitirme sentir lo que estaba diciendo. De dejar que mi voz, incluso con imperfecciones, transmitiera verdad.

Fue en ese momento cuando dejé de intentar impresionar y empecé, verdaderamente, a conectar.

Muchos evitamos la retroalimentación porque la confundimos con crítica, pero no son lo mismo. La crítica señala errores; la retroalimentación construye. La retroalimentación bien intencionada no busca herirte, busca ayudarte a ver aquello que tú no puedes ver.

Porque todos tenemos puntos ciegos. No vemos nuestros gestos repetitivos, no escuchamos nuestro tono, no percibimos cuándo dejamos de conectar emocionalmente. Necesitamos espejos. Y a veces esos espejos no reflejan lo que queríamos ver, pero sí lo que necesitamos ver.

El ego quiere tener razón. Quiere aplausos, reconocimiento, validación inmediata. Pero el crecimiento real exige algo distinto: curiosidad.

En lugar de preguntarte por qué te dijeron algo, pregúntate qué puedes aprender de ello. En lugar de pensar que no te entendieron, piensa cómo puedes comunicarlo mejor.

Cada comentario incómodo es una oportunidad de expansión. No todos serán perfectos ni completamente acertados, pero incluso dentro de un comentario imperfecto puede existir una verdad que te impulse a crecer.

La vida no siempre entrega retroalimentación en ambientes cómodos. A veces llega en forma de una conversación difícil, de un cliente que decide no trabajar contigo, de una relación que no funciona o de un resultado que no fue el esperado.

Y sí… duele.

Pero si todo en tu vida saliera exactamente como esperas, ¿realmente crecerías?

Los regalos más valiosos no siempre vienen envueltos en palabras bonitas. A veces llegan como incomodidades que te obligan a evolucionar.

Hoy entiendo algo con total claridad: la retroalimentación no define quién soy, refina quién puedo llegar a ser.

Y entonces comprendes algo que lo cambia todo: no era el comentario lo que dolía; era la versión de ti que ya no podía sostenerse después de escucharlo.

Porque cada vez que alguien te confronta con una verdad incómoda, no te está rompiendo; te está revelando. Te está mostrando el espacio exacto donde puedes crecer, el lugar donde tu siguiente nivel te está esperando.

El ego lo rechaza, pero el alma lo reconoce.

Y en ese momento tienes una elección: defender quién has sido, o convertirte en quien puedes llegar a ser.

Porque crecer no siempre se siente bien. A veces se siente como soltar, como incomodidad, como reconstrucción. Pero es ahí donde ocurre la transformación real.

Así que la próxima vez que la vida no te aplauda, sino que te confronte, no lo tomes como un rechazo. Tómalo como una invitación.

Una invitación a elevarte, a profundizar, a evolucionar.

Porque la verdad es esta: no estás aquí para quedarte igual, estás aquí para expandirte.

Y, muchas veces, la puerta hacia esa expansión no se abre con elogios; se abre con incomodidad.

Y si tienes el valor de atravesarla, te vas a encontrar con una versión de ti que antes sólo existía como posibilidad; pero que ahora, finalmente, se vuelve realidad.

18

DE ORUGA A MARIPOSA: EL PODER DE TRANSFORMARTE

Hay algo profundamente poderoso en la transformación. La naturaleza nos regala una de las metáforas más hermosas a través de un proceso aparentemente simple: una oruga que se convierte en mariposa. Inspirada por la canción "*Dos Oruguitas*", entendí que esta historia no es sólo biología; es una poderosa lección sobre transformación. Porque todos, en algún momento, hemos sido orugas. Y todos, si nos permitimos el proceso, podemos convertirnos en mariposas.

La etapa de la oruga representa el comienzo. Es el momento en el que todo está por descubrirse. Las orugas nacen pequeñas, vulnerables y aparentemente insignificantes. No tienen alas, no llaman la atención y su único enfoque es alimentarse, crecer y prepararse, aunque no sepan exactamente para qué. Pero hay algo importante que muchas veces no vemos: la oruga también vive en constante riesgo. En la naturaleza, es una de las formas de vida más vulnerables. Muchos animales la ven como alimento. Aves, arañas, hormigas y otros insectos pueden atacarla en cualquier momento. Su vida es crecer mientras aprende a sobrevivir.

Y así comenzamos nosotros también. Cuando iniciamos un sueño, un proyecto o una nueva versión de nosotros mismos, estamos en esta etapa. Exploramos, aprendemos, cometemos errores. Sentimos emoción, pero también incertidumbre. Y muchas veces, también nos sentimos expuestos: a la crítica, al rechazo, a la duda y a la comparación. Es una etapa en la que aún no somos lo que queremos ser, pero ya no podemos conformarnos con lo que éramos. Y aun así avanzamos. Sin garantías. Sin certeza. Pero con la decisión de crecer, incluso cuando el entorno no es el ideal.

Sin embargo, llega un punto en el que lo que somos deja de ser suficiente para lo que queremos llegar a ser. Y entonces comienza la siguiente etapa, una mucho más profunda.

La crisálida es el proceso que nadie ve. Desde afuera parece silencio, pausa, incluso estancamiento. Pero dentro ocurre una transformación total. La oruga no simplemente cambia: se reconstruye por completo. En nuestra vida, la crisálida representa esos momentos incómodos, solitarios y muchas veces dolorosos: un fracaso, una pérdida, un cambio inesperado, una crisis emocional o un proceso interno de crecimiento.

Son esos momentos en los que sentimos que todo se detuvo, en los que dudamos de nosotros mismos y pensamos que estamos retrocediendo. Pero esa percepción es engañosa. La crisálida no es el final, es el taller invisible donde se construyen las alas. Es el espacio donde ocurre el verdadero crecimiento: ese que no se ve, que no se aplaude y que muchas veces ni siquiera se comprende en el momento. Es ahí donde soltamos lo que ya no somos y empezamos a definir quién estamos destinados a ser.

Y entonces llega el momento. La transformación está lista.

La mariposa rompe el capullo. Y hay algo importante en esto: nadie puede hacerlo por ella. Si alguien interviniera, sus alas no se fortalecerían lo suficiente para volar. Es el esfuerzo de salir lo que permite que sus alas cobren fuerza. Lo mismo ocurre con nosotros.

Salir de nuestra crisálida requiere valentía. Requiere atravesar la incomodidad, tomar decisiones y avanzar aun con incertidumbre. Cuando finalmente damos ese paso, ya no somos los mismos. Somos más fuertes, más conscientes y más sabios. Pero, aun así, el vuelo da vértigo. No hay garantías; y aun así hay que lanzarse.

Iniciar ese proyecto, levantar la voz, sanar una herida o salir de la zona de confort requiere fe. Y es entonces cuando comprendemos algo poderoso: las dificultades del pasado no fueron castigos, fueron el terreno donde crecieron nuestras alas.

Hay una pregunta que transforma la manera de verse a uno mismo: ¿en qué etapa estás hoy? Tal vez estás en etapa de oruga, aprendiendo, creciendo y preparándote. Tal vez estás en tu crisálida, en medio de un proceso que no entiendes completamente pero que te está transformando desde adentro. O tal vez ya estás comenzando a volar.

Cada etapa tiene un propósito. La oruga nos enseña a prepararnos. La crisálida nos enseña a transformarnos. La mariposa nos enseña a confiar. No hay etapa equivocada. Lo verdaderamente peligroso no es estar en la crisálida; es resistirse al proceso.

Muchas veces queremos resultados de mariposa con disciplina de una oruga distraída. Queremos alas sin atravesar la incomodidad. Pero las alas no se improvisan, se construyen en silencio.

La transformación no es rápida, no es lineal y no siempre es cómoda, pero siempre vale la pena. Si hoy te sientes pequeño o confundido, tal vez estás en tu etapa de oruga. Sigue avanzando, sigue aprendiendo, sigue creciendo. Si te sientes detenido o en reconstrucción, confía: estás en tu crisálida, y lo que ocurre dentro de ti es más grande de lo que imaginas. Y si ya estás volando, no olvides de dónde vienes. Usa tus alas para inspirar a otros.

La vida no se trata sólo de llegar a la meta, sino de honrar cada etapa del camino. Porque con cada esfuerzo, con cada caída y con cada intento, te estás acercando a tu vuelo.

Hoy quiero dejarte con una pregunta poderosa: ¿qué tipo de mariposa te atreverías a ser si nada te detuviera? Esta pregunta, aunque parece simple, tiene muchas capas. No existe una sola mariposa correcta ni una única versión de ti. Hay tantas mariposas como posibilidades dentro de ti.

Puede ser la versión valiente que toma decisiones grandes, la versión en paz que crea equilibrio, la versión abundante que construye riqueza, la versión libre que suelta el pasado o la versión que inspira a otros con su historia. Tal vez eres todas ellas en diferentes momentos de tu vida.

Porque en el fondo, no estás eligiendo una mariposa; estás eligiendo quién estás dispuesto o dispuesta a ser.

Y aquí hay algo importante: no siempre es el miedo lo que nos detiene. A veces es la duda, la comodidad o la costumbre de vivir en automático. Por eso la verdadera pregunta es más profunda: ¿quién serías si dejaras de limitarte?

Porque la transformación no es un accidente; es una decisión. Es decidir crecer, soltar y avanzar, incluso cuando no tienes todas las respuestas.

Y tus alas ya están en proceso.

19

EL ARTE DE RECARGAR TU ENERGÍA

Vivimos en una sociedad que glorifica estar ocupados. Parece que mientras más hacemos —o mientras más ocupados aparentamos estar— más valor tenemos. Llenamos nuestras agendas, acumulamos compromisos, y de alguna manera hemos aprendido a asociar el cansancio con el éxito.

Pero hay una verdad que muchas veces olvidamos; una verdad simple, pero profundamente transformadora: el crecimiento verdadero también necesita descanso.

Durante mucho tiempo, yo misma confundí productividad con valor personal; sentía que debía estar siempre haciendo algo: trabajando, aprendiendo, resolviendo, produciendo, avanzando. Y cuando no lo hacía, aparecía la culpa: culpa por parar, por descansar, por no estar haciendo.

Esa culpa, poco a poco, me fue desconectando de algo esencial: mi propia energía.

Con los años comprendí algo que cambió por completo mi perspectiva: descansar no es perder el tiempo; descansar es recargar la energía para seguir creciendo. Y cuando esta idea dejó de ser sólo un concepto y se convirtió en una práctica, mi vida empezó a sentirse diferente; más ligera, más clara, más alineada.

Si recordamos cómo vivíamos cuando éramos niños, encontramos una gran lección; no estábamos obsesionados con producir ni con cumplir expectativas, simplemente vivíamos. Jugábamos, explorábamos, reíamos, descubríamos el mundo con curiosidad.

El tiempo se sentía distinto; no porque tuviéramos menos cosas que hacer, sino porque sabíamos alternar naturalmente entre el movimiento y el descanso. Sabíamos cuándo jugar y cuándo detenernos; sabíamos disfrutar sin culpa.

Pero al crecer, algo cambia; empezamos a llenar nuestra vida de responsabilidades, metas, presiones y expectativas, y en ese proceso olvidamos el arte de descansar.

Un día escuché una reflexión que me hizo detenerme; la palabra "negocio" puede interpretarse como "negar el ocio". Y aunque suene como un juego de palabras, refleja perfectamente cómo muchas personas viven hoy.

Negamos el descanso; negamos el espacio para respirar; negamos el tiempo para reconectar con nosotros mismos.

Creemos que detenernos es fallar, cuando en realidad lo que estamos haciendo es agotarnos.

Y el agotamiento no siempre es evidente; a veces no es sólo físico, es mental o emocional. El cuerpo se cansa, la mente se satura, las emociones se desgastan, y entonces lo que debería ser crecimiento se convierte en presión; lo que debería ser expansión se convierte en desgaste.

Ahí fue cuando entendí algo que nadie me había enseñado: el descanso también es disciplina.

Descansar no es algo que ocurre cuando ya no hay nada que hacer; es una decisión consciente. Así como agendas trabajo, reuniones o metas, también necesitas aprender a agendar espacios para recargar tu energía.

Porque una mente agotada no toma buenas decisiones; un cuerpo cansado pierde claridad; y una persona saturada pierde conexión consigo misma.

Descansar no significa abandonar tus metas; significa cuidarte lo suficiente para poder sostenerlas en el tiempo.

Cuando hablamos de crecimiento personal, solemos pensar en esfuerzo: hacer más, avanzar más, lograr más; pero el crecimiento también necesita silencio, necesita pausas, necesita momentos donde la mente se reorganiza, el cuerpo se recupera y el corazón respira.

Recargar tu energía puede tomar muchas formas; puede ser una caminata en silencio, cuidar un jardín, escuchar música, compartir con tu familia, leer algo que te inspire, meditar, orar, o simplemente estar presente.

A veces creemos que estos momentos son pequeños, pero en realidad son profundamente poderosos; porque es ahí donde regresas a ti.

Vivimos en una cultura que constantemente mide el valor de las personas por sus resultados; de forma directa o indirecta, nos enseñan que valemos por lo que producimos, por lo que logramos y por lo que mostramos al mundo. Cuánto produces, cuánto vendes, cuánto avanzas, cuánto acumulas, se convierten en métricas invisibles con las que muchas veces terminamos evaluando nuestra propia vida.

Y sin darnos cuenta, empezamos a vivir bajo una presión silenciosa, pero constante; una presión que nos empuja a hacer más, a demostrar más, a alcanzar más, sin detenernos a cuestionar si realmente estamos viviendo.

Nos levantamos pensando en lo que tenemos que hacer, en lo que falta, en lo que aún no hemos logrado; avanzamos durante el día resolviendo, cumpliendo, reaccionando, y al final de la jornada revisamos pendientes con la sensación de que nunca es suficiente. Siempre hay algo más que alcanzar, algo más que demostrar, algo más que cumplir; y en ese ciclo repetitivo, el hacer ocupa todo el espacio, y el ser queda en segundo plano.

Pero en medio de ese ritmo constante, olvidamos algo esencial; la vida no se trata sólo de producir.

También se trata de vivir; vivir es estar presente, darte el permiso de experimentar cada momento con consciencia, reconocer que estás aquí, que estás respirando, que estás siendo parte de algo más grande que una lista de tareas.

Se trata de sentir; permitirte experimentar tus emociones sin reprimirlas ni ignorarlas, entendiendo que cada una tiene un propósito. Porque cuando dejamos de sentir para ser más productivos, nos desconectamos de nuestra esencia.

Se trata de conectar; contigo mismo, con lo que te mueve, con lo que te hace vibrar, y con las personas que le dan sentido a tu vida.

Se trata de agradecer; porque cuando reconoces lo que ya tienes, lo que ya has logrado y lo que ya eres, algo cambia dentro de ti. Descubres que lo verdaderamente importante no se mide en números ni se percibe a simple vista; y en el momento en que cambias esa mirada, tu vida deja de ser sólo resultados y empieza a convertirse en una experiencia mucho más plena y consciente.

Y se trata de disfrutar el camino; porque si todo en tu vida gira únicamente alrededor del resultado final, te pierdes lo más importante: el proceso. Ese proceso donde creces, aprendes, te caes y te levantas, y te conviertes en la persona que necesitas ser.

La meta puede darte satisfacción momentánea; pero el camino es donde se construye tu vida.

Por eso quiero recordarte algo importante; no necesitas correr todo el tiempo. También puedes respirar; también puedes detenerte; también puedes recargar. No eres una máquina diseñada para producir sin parar; eres un ser humano diseñado para vivir, sentir, conectar, agradecer y disfrutar.

Porque incluso las mariposas necesitan descansar entre vuelo y vuelo; y cuando vuelven a levantar las alas, lo hacen con más fuerza, con más claridad y con más libertad.

Tu crecimiento no depende sólo de cuánto haces; también depende de cuánto te cuidas.

Y aprender a recargar tu energía no es una opción; es una de las decisiones más sabias que puedes tomar.

20

CONCLUSIÓN: EL PODER DE TRANSFORMARTE

A lo largo de estas páginas te he compartido mi historia, mis aprendizajes y los desafíos que han moldeado a la persona que soy hoy: más fuerte, más consciente y más conectada con mi propio poder. Cada experiencia, cada obstáculo y cada lección han sido piezas clave para construir una vida más plena, más intensa y, sobre todo, más alineada conmigo misma.

Pero este libro no se trata sólo de mí. Se trata de ti.

Se trata de cada persona que, en algún momento de su vida, ha sentido miedo, duda, inseguridad o esa sensación silenciosa de estar estancada. Se trata de quienes, en el fondo de su corazón, saben que hay algo más grande esperando dentro de ellos, aunque aún no sepan cómo alcanzarlo.

Porque la transformación no comienza cuando las circunstancias cambian. La transformación comienza cuando decides cambiar tú.

Comienza cuando dejas de culpar al pasado por lo que hoy vives. Cuando dejas de esperar que otros resuelvan tu vida. Cuando sueltas la queja y empiezas a asumir la responsabilidad de quién eres y de quién quieres llegar a ser.

En Programación Neuro-Lingüística existe un principio poderoso: Causa y Efecto. Vivir en efecto es creer que lo que sucede afuera determina cómo te sientes y cómo actúas. Es pensar que las personas, las circunstancias o el pasado tienen el control de tu vida. En cambio, vivir en causa es asumir que tú eres el origen de tus decisiones, de tus emociones y de tus resultados. Es entender que, aunque no puedas controlar todo lo que sucede, siempre puedes elegir cómo responder.

Y ahí es donde ocurre el verdadero cambio.

Porque cuando pasas de efecto a causa, dejas de reaccionar, y empiezas a liderar tu vida.

Y en ese momento nace una pregunta poderosa. Una pregunta que no se responde con palabras, sino con decisiones:

¿Vas a vivir reaccionando a la vida, o vas a vivir liderando tu vida?

Quien vive reaccionando depende de lo que sucede afuera. Quien lidera decide cómo responder.

Quien reacciona espera que las cosas cambien. Quien lidera crea el cambio.

Quien reacciona vive desde el miedo. Quien lidera vive desde la consciencia.

Liderar tu vida no significa tener todo resuelto ni vivir sin errores. Significa algo mucho más profundo: asumir el control de tu historia. Significa mirarte con honestidad, reconocer tus errores sin destruir tu autoestima, aprender de ellos y seguir avanzando con mayor claridad.

Significa dejar de sobrevivir para empezar a vivir con intención.

A lo largo de este libro has sido testigo de una transformación real, humana y posible. Un camino que va de la duda a la claridad, del miedo a la acción, del bloqueo al crecimiento; de oruga a mariposa.

Y si hay una verdad que quiero que te lleves contigo, es esta: si yo pude transformarme, tú también puedes hacerlo.

No porque tengamos la misma historia, sino porque tenemos la misma capacidad de decidir, cambiar y crecer.

Date permiso de estar bien. Date el regalo de elegirte.

Permítete reinventarte, sanar, crecer y vivir con más amor, más consciencia y más intención. Permítete soltar lo que pesa, cerrar ciclos que ya cumplieron su propósito y abrirte a nuevas posibilidades, incluso si al principio hay incertidumbre.

Porque la vida no se trata de llegar a un destino final, sino de la transformación que ocurre en ti mientras avanzas.

Se trata de elegir, cada día, ser una mejor versión de ti. No perfecta, pero sí más consciente. No impecable, pero sí más auténtica.

Hoy te invito a tomar las riendas de tu historia. A mirarte con honestidad, sin juicio, pero con responsabilidad. A reconocer tu valor, a honrar tu proceso y a trabajar en aquello que sabes que puedes mejorar.

Te invito a dejar de postergarte. A dejar de esperar el momento perfecto. A dejar de dudar de tu capacidad.

Porque la transformación no ocurre en el futuro. Ocurre en el presente.

Y el momento de empezar…

es hoy.

TU SIGUIENTE PASO

Si este libro resonó contigo, no es casualidad.

Leer es el inicio.

Pero la verdadera transformación ocurre cuando aplicas.

Y muchas veces, hacerlo solo puede ser más difícil.

Por eso hoy quiero abrirte una puerta.

Además de ser autora de este libro, Corredora de Bienes Raíces, Prestamista Hipotecaria y otras ocupaciones más, soy **Coach de Vida y Coach del Éxito certificada**, y trabajo con personas que están listas para dejar de vivir desde el miedo, y comenzar a vivir desde su poder.

Si sientes que este mensaje es para ti, tienes dos caminos disponibles:

Coaching grupal

Un espacio de crecimiento acompañado, donde podrás:

- aprender herramientas prácticas
- compartir con personas en tu mismo proceso
- recibir guía y dirección
- mantenerte enfocado y motivado

Coaching personalizado (1 a 1)

Un proceso más profundo y enfocado en ti, donde trabajamos directamente en:

- tus bloqueos personales
- tus metas específicas
- tus patrones emocionales
- tu crecimiento integral

Este es un espacio de transformación real, diseñado para llevarte al siguiente nivel en tu vida personal y profesional.

La pregunta es simple:

¿Vas a seguir intentando solo…

o estás listo para acelerar tu transformación?

Si estás listo, te invito a dar el siguiente paso.

Contáctame directamente para más información sobre los programas de coaching.

Porque tu crecimiento no tiene por qué esperar.

Y la mejor inversión que puedes hacer…

es en ti.

ACERCA DE MIRIAM AYALA

Miriam Ayala es Coach de Vida y Coach del Éxito certificada, Corredora de Bienes Raíces y Prestamista Hipotecaria, comprometida con ayudar a las personas a transformar su vida tanto a nivel personal como financiero.

Su historia no nace desde la perfección, sino desde el proceso. A lo largo de los años, Miriam ha atravesado desafíos personales, emocionales y profesionales que la llevaron a cuestionarse, reconstruirse y reinventarse. Ese camino de transformación es el que hoy comparte con otros.

En el mundo profesional, Miriam ha desarrollado una sólida trayectoria en bienes raíces y financiamiento, guiando a familias y clientes en una de las decisiones más importantes de sus vidas: adquirir un hogar y construir estabilidad financiera. Su enfoque va más allá de las transacciones; se centra en educar, empoderar y brindar claridad para que cada persona tome decisiones con confianza.

A través de su experiencia, ha descubierto que el verdadero cambio no ocurre únicamente en el exterior, sino en la forma en que pensamos, sentimos y actuamos. Por eso, su enfoque integra el desarrollo personal con la acción estratégica, combinando mentalidad, disciplina y dirección.

Miriam ha invertido en su crecimiento a través de estudios, mentorías y certificaciones en áreas como Programación Neuro-Lingüística (PNL), desarrollo personal, liderazgo y comunicación. Además, ha participado activamente en espacios de formación como Toastmasters, fortaleciendo su capacidad de conectar, comunicar e impactar a otros de manera auténtica.

Su filosofía es clara: No se trata de las circunstancias. Se trata de quién decides ser frente a ellas.

A lo largo de su trayectoria, ha acompañado a personas que desean superar bloqueos, fortalecer su mentalidad, recuperar su poder personal y construir una vida más consciente y alineada con sus metas.

Miriam cree firmemente que todos tenemos la capacidad de transformarnos, pero que muchas veces lo único que necesitamos es dirección, herramientas y acompañamiento.

Por eso, además de este libro, ofrece procesos de coaching diseñados para guiar a las personas en su crecimiento personal y profesional, ayudándoles a pasar de la duda a la claridad, del miedo a la acción y del estancamiento a la expansión.

Su misión es ayudar a otros a dejar de vivir desde el victimismo, y comenzar a vivir desde su poder. Porque, como ella misma ha comprobado en su propia vida: La transformación no es un privilegio de unos cuantos.

Es una decisión disponible para todos.

Comunícate en **libros@Miriam**Ayala.com

HOJA DE PEDIDO AL REVERSO

Hoja de pedido

Deseo obtener más ejemplares de ***Punto Y APARTE*** para mí y/o para mis familiares, amigos y demás personas a quienes les interesa el crecimiento personal.

Nombre: ______________________________

Domicilio: ______________________________

Ciudad: ______________ Edo.: ______________

País: ______________ C.P.: __________

Correo electrónico (para confirmación): ______________

Comentarios (adicionales al reverso): ______________

Cantidad ____ X $12.99 (USD) Subtotal $______

Envío y manejo EE.UU. y Canadá $ 9.50

A América Latina $ 15.50

Email: **libros@Miriam**Ayala.com Resto del mundo Preguntar

Total adjunto (USD) $______

Envíe esta hoja con su pago a:

Veritas Invictus Publishing
8502 East Chapman Avenue # 302
Orange, California 92869
United States

www.ingramcontent.com/pod-product-compliance
Lightning Source LLC
LaVergne TN
LVHW010105110826
845155LV00028B/494

9781939180100